本书出版获得
江西陶瓷文物遗存保护暨御窑研究
协同创新中心
经费支持

孙星衍文献学研究

陈宁 著

中国社会科学出版社

图书在版编目（CIP）数据

孙星衍文献学研究／陈宁著.—北京：中国社会科学出版社，2020.8
ISBN 978-7-5203-7050-9

Ⅰ.①孙… Ⅱ.①陈… Ⅲ.①孙星衍（1753-1818）—文献学—研究 Ⅳ.①G256

中国版本图书馆 CIP 数据核字（2020）第 158725 号

出 版 人	赵剑英
责任编辑	张 潜
责任校对	刘 洋
责任印制	王 超

出　　版	中国社会科学出版社
社　　址	北京鼓楼西大街甲 158 号
邮　　编	100720
网　　址	http://www.csspw.cn
发 行 部	010-84083685
门 市 部	010-84029450
经　　销	新华书店及其他书店
印　　刷	北京明恒达印务有限公司
装　　订	廊坊市广阳区广增装订厂
版　　次	2020 年 8 月第 1 版
印　　次	2020 年 8 月第 1 次印刷
开　　本	880×1230　1/32
印　　张	4.625
字　　数	102 千字
定　　价	48.00 元

凡购买中国社会科学出版社图书，如有质量问题请与本社营销中心联系调换
电话：010-84083683
版权所有　侵权必究

目　　录

前　言 …………………………………………（1）
　一　研究背景与意义 …………………………（1）
　二　研究现状 …………………………………（3）
　三　研究方法 …………………………………（6）
　四　创新之处 …………………………………（7）

第一章　孙星衍的生平事迹 ……………………（9）
　一　自幼苦读 …………………………………（9）
　二　游幕半天下 ………………………………（12）
　三　宦海浮沉 …………………………………（14）
　四　晚年生活 …………………………………（17）

第二章　孙星衍与文献收藏 ……………………（21）
　一　藏书来源 …………………………………（21）

二　藏书处与藏书印 ………………………………（24）
　　三　藏书特点 ……………………………………（26）
　　四　藏书分类思想——十二分法的创立 …………（34）

第三章　孙星衍与文献编撰 ………………………（49）
　　一　文献编撰概述 ………………………………（49）
　　二　汇编类著作的编撰特点 ……………………（57）
　　三　撰述类著作的编撰特点 ……………………（59）
　　四　辑佚类著作的编撰特点 ……………………（68）

第四章　孙星衍与文献校勘 ………………………（79）
　　一　校书列表 ……………………………………（80）
　　二　校勘方法 ……………………………………（86）
　　三　校勘特点 ……………………………………（93）

第五章　孙星衍与文献出版 ………………………（102）
　　一　刻书目录 ……………………………………（102）
　　二　刻书途径 ……………………………………（105）
　　三　刻书特点 ……………………………………（107）
　　四　版本学思想与版本著录特点 ………………（113）

目 录

第六章 结语 …………………………………（125）

参考文献 …………………………………（131）

后 记 …………………………………（137）

前　言

一　研究背景与意义

笔者曾于 2006 年 3 月至 5 月撰写了《洪亮吉与图书编撰学》[①] 一文，在收集资料的过程中查阅了许多清代学者的笔记文集、尺牍杂钞等。令人惊喜的是，在查阅这些资料的过程中竟有意外收获：孙星衍也是一位具有重要学术成就和贡献的文献学家。在撰写《洪亮吉与图书编撰学》一文时，就已经有了要撰写姊妹篇《孙星衍与图书编撰学》的想法，冀以引起当代学界对清代乾嘉学者文献学成就的重新审估，但当时因作业繁多，忙于其他事务，未能完成这一工作。所幸的是，善思者总能探未知之源，拾漏遗之事。2006 年 3 月，《图书情报知

[①] 该文后经整理，发表在《科技情报开发与经济》2010 年第 1 期，第 66－68 页。

识》杂志刊出了焦桂美的《论孙星衍的文献学成就》一文，该文对孙星衍在文献校勘、辑佚、目录、版本等方面的成就做了初步探讨和简要总结。自此以后，笔者对自己当时的论断更加坚定，也对该选题的开展实施充满信心，于是就与我当时武汉大学的硕士生导师曹之先生商讨，经其同意认可后，便开始收集孙星衍的著作及其相关研究资料，着手开展该书稿的撰写。

孙星衍是清代乾嘉时期的著名学者、文献学家。他崇古尊汉，这不仅是当时的学风所趋，也是他的性情所至，所著《尚书今古文注疏》三十卷，只引秦汉之文，不注宋明之语，便是明证；他又师从多门，不囿汉宋门户，在倡汉的同时，又高谈性理之学，《问字堂文稿》首列《原性篇》，综合性、情、阴、阳，并折中百家，从天人之学的角度，用阴阳五行来阐释"性"这一古老话题，公然阔谈微言大义，此举为当时或后来诸多学者所不解甚至摒弃。尤其是嘉庆二十三年（1818）江藩所撰的《国朝汉学师承记》出版，这部只问汉与不汉的著作并没有将孙星衍列入其中，便是对孙氏"宗汉"的极大怀疑。其实，到了嘉庆中期以后，汉学的统治地位已经有所动摇，汉宋之争也已不是水火不容，汉学家们逐渐开始接受宋学，宋学家们也逐渐开始容纳汉学，这一现象无疑促成了汉宋合流的局面。在这一思想转变过程中，孙星衍担当了重要角色,有导夫先路之功。然而,当时或后来学者对其进行专门研究的成果并不多,这不能不算是一个遗憾。有鉴于此,笔者再次拾起这些近乎被遗忘或定位不公的人和事,如孙星衍及其学术思想进行专题研究,对于研究清代乾嘉时期的学术思想及其转变、乾嘉学者在清代学术史上的地位,甚至对于研究整个清代学术发展史等,都具有重要意义。

孙星衍的学术成果比较多,文献学仅是其中之一。本书试图在继承前人研究成果的基础上,对他在文献学方面的重要贡献,做一个全面的梳理和深入的挖掘,以期对孙星衍在文献学发展史上能有一个比较清晰合理的定位,也使学界对他在文献学方面的成就能有一个更加全面的认识,并冀以引起学界的关注和重视,从而对乾嘉学者的成就做一个重新评估和审视,推动文献学理论研究的进一步深化和发展。

二 研究现状

由于孙星衍其人其学在当时或后来较长一段时间内并未受到足够的关注和重视,所以有关他各方面的研究并不多。目前有关其研究的成果主要集中在他的生平、著作、学术思想等方面。

关于孙星衍生平方面的研究,主要是时人或后人为他所作的各种年谱和传记。如孙星衍的同乡张绍南曾撰《孙渊如先生年谱》一书，可惜并未完成，后来由江宁王德福续撰而成。该书虽涵盖了孙星衍的一生，但所述内容过于简略，如有关孙星衍与好友洪亮吉、杨芳灿、黄景仁等人交往的描述甚少，其中还有许多的讹误。有关孙星衍传记的撰述，相对较多，其中与孙星衍同时代的学者就有不少撰述，如阮元的《山东粮道渊如孙君传》、毕沅的《吴会英才集》卷一九、钱仪吉的《碑传集》卷八七、李元度的《国朝先正事略》卷三五等；后代人撰写得更多，如王钟翰等的《清史列传》卷六九、赵尔巽等的《清史稿》卷四八一、支伟成的《清代朴学大师列传·吴派经学家列传第四》、蔡冠洛的《清代七百名人传》、林正秋的《中国方志名家传》等。这些传记资料可以补《年谱》之缺，正《年谱》之讹，可以相互参校而用。其中，阮元与孙星衍生活在同一时期，又是同学、同事，交往甚密，故以阮本传记资料最为可信。

关于孙星衍著作方面的研究，比较系统完整的当属1996年中国科学院图书馆（现为中国科学院国家科学图书馆）编辑的《续修四库全书总目提要》一书。该书共收录孙氏著作39部，涉及经、史、子、集、丛五大类，对每部著作的版本源流和著者的撰述思想都做了简要概括和总结，并将每部著作与其同类名著做了比较分析，以品评其得失，末尾处还以精辟

前　言

之语做了点评，以表达编辑者对每部著作的看法。当然，在汇编这样一个大部头著作时，疏忽漏误之处在所难免，如孙星衍的少量著作就被漏录，这有待进一步补正。其他有关孙氏著作的研究，就略显专门化和精细化，如2001年柯愈春编撰的《清人诗文集总目提要》一书，其中就对孙氏诗文的编辑、出版流传情况做了详细论述，使读者对孙氏诗文的汇集状况有了比较清晰的认识。还有对孙氏单本著作进行研究的，如尚志钧的《孙星衍等辑〈神农本草经〉题吴普述质疑》、焦振廉的《孙星衍及其辑本〈神农本草经〉——清辑〈神农本草经〉以孙星衍本为优》等，对孙辑本《神农本草经》做了细化深入的研究；又如王桂云的《孙星衍与〈孙氏家藏书目〉》、李峰的《破旧立新的〈孙氏祠堂书目〉》等，对孙氏《书目》做了详细论述，并简要品评了该书的得与失。但是，整体而言，有关孙氏著作的研究尚不够完整，也不够精细。

有关孙星衍学术思想方面的研究，清代多散见于名人名家的笔记文集、尺牍杂钞等，但这些资料是零星的、琐碎的，不易搜讨。后来学者开始做分类研究，如陈少川对孙氏图书分类理论做了系统探讨，并于1992年3月在《津图学刊》上发表《孙星衍图书分类理论浅谈》一文，引起了学界对孙星衍图书分类理论与方法的关注。这类研究的继起者是郑天一，他相继发表了《孙星衍十二分法略论》《论文化环境、心理偏向与图

— 5 —

书分类法——孙星衍十二分法的文化基因》《中国传统思维方式与图书分类法的选择——孙星衍十二分法的文化透视》等多篇文章,将孙星衍的图书分类思想及其文化意义做了比较详细的分析和评述。而对其文献学研究的成果方面,除了前面提到的焦桂美的《论孙星衍的文献学成就》外,还有刘蔷的《论孙星衍的考据学思想及实践》,该文对孙星衍考据学的学术思想和治学实践进行了阐述和总结,对于研究孙星衍的文献学思想及其成就具有重要的借鉴意义。有关孙星衍其他学术思想方面的研究,如焦桂美的《论孙星衍诗的学术价值》、张晶萍的《孙星衍学术思想特点述论》、成秀风的《圣人家近借书看——山东儒吏孙星衍的书案生活》等,在目前这方面研究较少的情况下,也是颇具参考价值的。

三 研究方法

本书的研究方法主要有二:

(1) 文献调查法,包括一次文献和二次文献的调查。一次文献主要包括孙星衍的所有著作和他友人的主要著作,二次文献主要包括孙氏时人及其后人对孙氏其人其学研究的著述。参阅时以一次文献为主,尽可能地将相关的第一手资料收集齐全。此外,根据内容的需要,本书还会将孙星衍编撰、校勘、辑佚、出版等方面的文献以表格的形式进行罗列，其著录信息包括文献名称、编撰者、重要版本、完成时间等，以求直观清晰地"表达"出孙星衍在文献学方面所取得的重要成就。

（2）比较分析法。孙星衍著作的版本较多，需要通过认真反复的比较鉴别，才能确保资料使用的准确性。另外，孙星衍自创图书分类的十二分法，该法上承四分法，下启五分法乃至今天的科学分类法，通过将十二分法与其他图书分法的比较分析，以使世人更加明晰孙星衍十二分法在我国藏书史、分类史、文化史上的重要地位和意义。

四 创新之处

本书的创新之处主要有三：

（1）全面系统地总结了孙星衍在文献学领域，包括文献收藏、文献编撰、文献校勘、文献出版等诸多方面的成就，并对其成就取得的原因做了概括分析，冀以启迪世人，鼓舞世人。

（2）对孙星衍所著之书、所校之书等进行了比较全面的统计，并以表格的形式做了统计汇集，以使世人对孙星衍的文献学成就能有一个直观的显性认识。同时，还对其资料信息进行了深层挖掘和研究，从而探析出孙星衍的著述思想、校勘理论、刻书特点、"善本观"等隐性内容。

（3）本书不局限于将孙星衍及其文献学理论放在他所生活的乾嘉时期进行研究，而是将其放在整个文献学发展史上进行研究，既要做到纵向有演变，明确其地位，又要做到横向有比较，凸显其成就。

第一章 孙星衍的生平事迹

孙星衍（1753—1818），小名喜，字伯渊，一字渊如，号季逑、薇隐、芳茂山人等，别号五松居士，江苏阳湖（今江苏武进）人。清代著名学者、文献学家。下面对其生平事迹做简要描述。

一 自幼苦读

孙星衍自称是春秋时期齐国名将孙武的后裔，其十五世从祖乃明代开国功臣燕山侯忠愍公孙兴祖。据《明史》卷一三三记载，孙兴祖"沉毅有谋"[1]，深受大将军徐达的器重，先后任都先锋、统军元帅、天策卫指挥使、大都督府副使等职。洪武二年（1369）正月，明太祖朱元璋命立功臣庙于鸡

---

[1] （清）张廷玉等修纂：《明史》卷一三三，《文渊阁四库全书》本。

笼山麓，论功列祀二十一人，孙兴祖便是其中之一。不幸的是，到了洪武三年（1370），孙兴祖在一次执行任务过程中遇敌战死，年仅三十五岁。明代孙家建功立业者，自孙兴祖始。孙星衍的父亲书屏先生自幼读书，乾隆二十一年（1756）中举人，常年奔波在外，很少有时间照顾和教育年幼的儿子。而孙星衍幼有异禀，聪慧过人，五岁时便由叔父晚霞先生授业，读书于家塾。孙星衍读书十分勤奋刻苦，每天天蒙蒙亮就起床入家塾，归来后，"大母许太夫人篝灯令诵日所习书，母金夫人纺丝在侧，夜深始就寝"①。九岁时就能赋诗，所作《落花诗》中有"明月照空池"句，颇有奇气。十四岁时已能将《昭明文选》完整无误地背诵下来。十六岁时在家侍父读书，次年随父到句容学舍。十九岁时深得宜黄县知县王光燮的嘉许和赞赏，并与他的女儿王采薇结为伉俪。王采薇不仅"有天绍之丽姿，愠愉之秀美"②，而且博览群籍，善诗工书，每至夜晚，两人便经常在一起读书、赋诗、作画，并以之为乐事，诚益友焉！二十岁时入龙城书院读书，"每课辄列高等"③，受到当时郡守费淳的赏识，府试

---

① （清）张绍南：《孙渊如先生年谱》"六岁"条，清抄本。
② （清）袁枚：《孙薇隐妻王孺人墓志铭》，录自（清）孙星衍《孙渊如先生全集·长离阁集》，商务印书馆1935年版。
③ （清）张绍南：《孙渊如先生年谱》"二十岁"条，清抄本。

第一章 孙星衍的生平事迹

时被拔置前列。后又受知于彭元瑞,由于读书十分勤奋刻苦,在入阳湖县学考试中荣获第九名的好成绩,被选拔为学生员。二十二岁时,肄业于钟山书院,先师从当时学界名流卢文弨,常与他考证古学,后又追随学问大家钱大昕,自此孙氏学问精进,眼界大开,为他在经学、小学、金石学等方面取得骄人成绩打下了良好基础。

但是,少年时代的孙星衍主要以诗文见长,闲暇之余,经常与一些学人文士唱和燕谈,如与同里洪亮吉、黄景仁、赵怀玉、吕星垣、徐书受、杨伦六人以文学并称,号称"毗陵七子"。其诗为当时学界多人称道,如蒋和宁观其诗曰:"气清才奇笔超,非吸风饮露者不能也。"[1] 当时诗坛名家袁枚得知孙星衍要怀诗来谒时,倒履相迎,品其诗曰:"天下清才多,奇才少,读足下之诗,天下之奇才也。"[2] 然而,孙星衍自己并不想以诗文名,认为"吟诗作赋岂足论,后世知我勿以文"[3],转研经史考据之学。袁枚获知此事后,觉得以其惊艳之才为考据之学,深为可惜,便竭力劝阻之。而孙星衍不但不听其言,反以厉词相驳,并在给袁枚的回信中提出了"古人

---

[1] (清)龚庆:《冶城遗集跋》,录自(清)孙星衍《孙渊如先生全集·冶城遗集》,商务印书馆1935年版。

[2] (清)张绍南:《孙渊如先生年谱》"二十二岁"条,清抄本。

[3] (清)孙星衍:《孙渊如先生全集·冶城遗集·诗三章》,商务印书馆1935年版。

之著作即其考据"① 的新见,表现出了极大的勇气和胆识。

二 游幕半天下

孙星衍虽然出生于官宦之家,但是他的父亲官职卑微,俸禄不多,加上为官清廉,收入不足以供应家庭开支,家境时常困窘。孙星衍作为长子,不得不挑起家庭的一份经济负担。为此,他四处奔波,谋求职位,养家糊口。所幸的是,孙星衍生逢其时,可以靠当时学士文人入仕之前、丁忧归里或辞官休养之时比较理想的行业,即做幕僚来维持生计。在经济繁荣、文化昌盛的清代乾嘉时期,许多达官贵族都是学坛领袖,善于招揽学士文人入其幕中,以完成一些自己无法独立完成的学术事业或者其他的实际工作;而学士文人在入仕之前、丁忧归里或辞官休养之时大多清闲,为了生计和学术研究,很愿意加入其中。但是,这种工作极不稳定,随着幕主的升迁调离,很可能随时发生变化,因此他们经常会游历四方,选择不同的幕主。就孙星衍而言,他先是拜谒了安徽学政刘权之,在其幕府中与同里好友洪亮吉一起校订古籍,不久就被江宁太守章攀桂聘于

---

① (清)孙星衍:《问字堂集》卷四《答袁简斋前辈书》,清乾隆五十九年(1794)刻本。

第一章 孙星衍的生平事迹

其幕府中，之后一直追随毕沅，游历陕西、河南诸地，几乎遍及半个中国。

在其游幕时，孙星衍不仅没有耽误科举取仕之事，还做了不少学术研究活动：一是校订图书。孙星衍擅长考证，校订图书精严有法，如在游幕时所校的《三辅黄图》《一切经音义》《墨子》《商子》等书，至今仍被视作精校本。而在西安节署时，孙星衍的声誉亦最高，"毕公（指毕沅）撰《关中胜迹志》《山海经注》《校正晏子春秋》，皆属君手定"[①]。二是纂修方志。孙星衍纂修方志主张详略适宜，体裁精当，深获学界好评，也因此受到了许多府、州、县政领导的聘请。孙星衍一生主纂方志共7部，而在游幕时期主纂的就有4部，它们分别是《直隶邠州志》《礼泉县志》《山水县志》《澄城县志》。三是辑佚赋诗。清乾隆四十五年（1780）二月，孙星衍游历至金陵（今南京），读书于城西古瓦寺中，从寺藏释玄应《一切经音义》和释慧苑《华严经音义》中辑出《仓颉篇》三卷。乾隆四十九年（1784），在西安节署时参纂了王昶主编的《金石萃编》。闲暇之余，由于幕府中多才俊之士，他们经常以唱和赋诗为乐，有时甚至以限时成诗的方式赌约演剧。孙星衍博

[①] （清）阮元：《揅经室二集》卷三《山东粮道渊如孙君传》，商务印书馆1937年版。

学多闻,才思敏捷,能日成数十首,被毕沅叹为"逸才"。此外,孙星衍在游幕过程中,所遇之人诸如洪亮吉、汪中、钱坫、严长明等,多是学界名流,与他们朝夕相处,切磋学术,探讨问题,不仅开阔了视野,拓展了思路,而且还增进了学识。加上他善思勤记,对所到之处的遗迹故实多有考证,这些都为他今后在学术上取得重要的成就奠定了坚实基础。

三 宦海浮沉

乾隆五十一年(1786),三十四岁的孙星衍在学界已颇具声名,就连当时位居高官的学坛领袖亦对他赞誉有加。这一年,朱珪典试江南,赴任前便与彭元瑞约定,此行必得汪中、孙星衍二人,可见两人在当时备受学人青睐。朱珪在阅文时误将孙文当作汪文,亦可见二人的学术功底不分上下。此次考试使孙星衍中式第八十七名举人。次年(1787),中一甲二名进士,授翰林院编修,充三通馆校理。孙星衍由此有幸目睹了皇家藏书,抄阅了许多世间秘本、珍本、稀本,收获颇丰。乾隆五十四年(1789)四月,三通馆散馆,试《厉志赋》时,孙星衍因引用《史记》中的"匔匔如畏",被和珅误认为有错别字,而置其赋为二等,引以部曹用。孙星衍不肯屈节求人,亦不攀附权贵,很自然地听从了朝廷的安排。次年(1790),被

第一章 孙星衍的生平事迹

任命为刑部直隶司主事,总办秋审。任职期间,孙星衍持政有道,宽以待人,公正执法,判案治狱颇有心得,倡导"以经义决疑狱"①,"每有疑狱,辄令君依古义平议行,所平反全活甚多"②。由于政绩卓著,先后被擢升为刑部江苏司员外郎、广东司郎中等。

乾隆六十年(1795),孙星衍奉旨简放山东兖、沂、曹、济道,兼管黄河兵备道。官山东时,他勤勤恳恳,治河道,整吏治,平冤狱,毫不懈怠。政务忙碌之余,孙星衍还不辞辛苦,博览群籍,勤奋著述,其校刊撰辑之作大多成于这一时期。孙星衍精于考证,每到一地,就对该地的遗迹故实了如指掌,加上他又好游历,善以目验实证来辨验已知的遗迹故实。如乾隆六十年,他刚到山东上任,就寻游古迹,并考证出济阴汤陵当在曹南,一扫宋以来相传在山西荣河之误,还遍考群籍,指出山西荣河之说缘自后魏小说家言,张恩破陵得铭文附会殷汤所致,后被相沿传用,不足采信。又考伏羲陵当在鱼台,而非陈州,为此他亲游凫山,访得宋元碑碣,以证其实。另外,孙星衍为弘倡儒道,激扬风化,于嘉庆元年(1796)

---

① (清)孙星衍撰,王重民辑:《孙渊如外集》卷三《重刻故唐律疏议序》,民国二十一年(1932)铅印本。
② (清)阮元:《揅经室二集》卷三《山东粮道渊如孙君传》,商务印书馆1937年版。

十二月，向朝廷咨请建置伏生博士，经过多方努力，七年后获得批准，并以伏生第六十五代孙伏敬祖世袭五经博士。嘉庆三年（1798）九月，孙星衍辞官丁忧，临行归里时，山东百姓感其德政，送行数十里。孙星衍离开时，所带之物唯有一船图书，其挚友阮元曾作诗言道："鲁民争道送归程，万卷图书短櫂轻。使君去后一帆远，惟有微山湖水清。"① 不久，孙星衍抵达金陵（今南京），并侨居于此。

之后数年，孙星衍历游江苏常州、金陵、扬州等地，先后担任扬州安定书院、绍兴蕺山书院主讲。嘉庆五年（1800），孙星衍又受阮元之聘，任教诂经精舍，与王昶迭为主讲，"命题课业，问以经史疑义，旁及小学、天部、地理、算法、词章，各听搜讨书传条对，以观其识……诸生执经问字者盈门，未及十年，而诂经精舍士登巍科、入馆阁及撰述成一家言者不可胜数"②。间有复官之请，孙星衍则以奉母为由，拒绝赴任，大有不欲出官、终老教学之意。但是到了嘉庆九年（1804），旨封登、莱、青诸道，并补授山东督粮道，孙星衍不得已复起为官，为政仍然十分勤勉，治修山东水利，多发其端；又体恤军民，曾多次将府库所存的余粮拨发给穷苦军民，因此受到了

---

① （清）阮元：《揅经室四集》卷五《题万卷归装图》，商务印书馆1937年版。

② （清）张绍南：《孙渊如先生年谱》"四十八岁"条，清抄本。

百姓的热情拥护和爱戴。嘉庆十六年（1811）七月，因病辞官。

四 晚年生活

孙星衍"平生好探奇，欲出天下内"①，即便到了晚年，好游之心也丝毫未减。孙星衍辞官南归后，经常与文人好友往来于金陵、扬州、吴门等地，游览各处名胜古迹，彼此唱和燕谈，赋诗咏词，颇有情趣。当然，对孙星衍而言，游历是为学术活动服务的，也是学术活动之余所做的事情。此时的孙星衍已然是学坛领袖，声名远播，请聘问业者充斥门槛，如松江知府宋如林聘其纂修《松江府志》，扬州盐政阿公聘其校刊《全唐文》等。而对自己的学术研究，孙星衍所做的主要是撰完未成之作和汇刊未刻之作。自嘉庆十七年（1812）起，他相继刊刻了自己的著作《续古文苑》《平津馆丛书》《尚书今古文注疏》等，尤其是嘉庆二十年（1815）《尚书今古文注疏》的刊刻问世，对后人治《尚书》产生了极大影响。历观后来治《尚书》者，无不取资于这一名著。而谈起这二十年来编撰

---

① （清）孙星衍：《孙渊如先生全集·澄清堂诗稿》卷上《江阴舟夜同吕大幸垣作》，商务印书馆1935年版。

图1-1 《孙渊如外集》民国间铅印本书影一

图1-2 《孙渊如外集》民国间铅印本书影二

图1-3 《孙渊如外集》民国间铅印本书影三

图1-4 《孙渊如外集》民国间铅印本书影四

第一章 孙星衍的生平事迹

图1-5 《孙渊如外集》民国间铅印本书影五

图1-6 《孙渊如外集》民国间铅印本书影六

之艰辛，孙星衍曾在诗文中写道："廿年抱卅卷，闭户期归耕。病恐命不延，撰述起四更。窗前雪盈尺，烛尽鸡初鸣。"[1]可见，孙星衍在晚年依然笔耕不辍，用功至勤。嘉庆二十一年（1816），孙星衍出任钟山书院名誉主持，执教两年间，"命题课士，兼策问诗赋，以敦劝古学，诸生执经问字者日盈于庭，与在浙时同"[2]。嘉庆二十三年（1818）正月十二日，孙星衍

---

[1] （清）孙星衍：《孙渊如先生全集·冶城絜养集》卷上《乙亥岁正月十日病中撰〈尚书今古文注疏〉成，因题元戴淳〈伏生授经图〉》，商务印书馆1935年版。

[2] （清）张绍南：《孙渊如先生年谱》"六十五岁"条，清抄本。

于家中不幸病逝，享年66岁。在弥留之际，言不及私，唯以父年九十未能终尽孝道而悲不自胜。死后，其杂文未刊者，由友人严可均辑为《冶城山馆遗稿》，可惜此辑稿未刊而亡于火。近人王重民又重加搜集整理，刊成《孙渊如外集》五卷，传留于世。

孙星衍一生淡泊名利，喜好读书、校书、藏书、刻书、著书，与书有着不解之缘。孙星衍博学多闻，不仅精于经史文字音训之学，而且兼通诸子百家，喜好交游，擅长考证，常以目验实证来辨验遗迹故实，加上勤思善记，即使是在为官忙碌时期，依然笔耕不辍，这使得他在学术上取得了很大成就，是清代乾嘉时期的知名学者。就其文献学成就而言，孙星衍在文献收藏、文献编撰、文献校勘、文献出版等方面都取得了丰硕成果，值得我们后人认真地总结和研究。

第二章　孙星衍与文献收藏

一　藏书来源

关于孙星衍的藏书数量，当时并没有做过具体统计，我们现在只能根据一些事实描述进行大致推测。清嘉庆三年（1798），孙星衍因丁忧归里，临别山东时，当地人感其功德和清廉，依依不舍，送行数十里。当时曾有人绘《万卷归装图》以记其事，许多学界名流亦为其题咏赋诗。著名学者姚鼐在赋诗中就曾言道孙氏的这批藏书，即"牙签三万又随车"[1]，通过比较孙星衍为自己藏书撰写的三种目录[2]，不难获知此三万卷藏书应是孙星衍官山东时的平津馆藏书。而平津馆

---

[1] （清）姚鼐：《惜抱轩诗文集·诗集》卷十《孙渊如观察星衍万卷归装图》，录自张元济等辑《四部丛刊初编》，商务印书馆1919年版。
[2] 孙星衍为自己的藏书曾撰写了三种目录，它们分别是《孙氏祠堂书目》《平津馆鉴藏书籍记》《廉石居藏书记》。

藏书,"于家园藏书,才十之四五耳"①,再加上廉石居藏书,孙星衍的藏书数量当不少于十万卷。那么,这十万卷藏书,孙星衍是如何获得的呢?即他的藏书来源有哪些?

1. 继承家藏

孙星衍之父书屏先生,年少时喜好读书,又好聚书、藏书。但由于孙星衍的祖父早亡,家境十分贫寒,购买图书之力微弱,有时候甚至只能拿自己的衣物来换取自己爱读之书。如此这般持续多年,终于在孙星衍年少时积累了数柜藏书。这些藏书不仅激起了孙星衍年少时读书的欲望,还培养了孙星衍藏书的乐趣。这些藏书后来被孙星衍完整地继承下来。

2. 购买借抄

购买、借抄是孙星衍藏书最主要的来源。他曾自述过自己的藏书经历,其中言道:"所交士大夫皆当代名儒,海内奇文秘籍,或写或购,尽在予处。"② 由此可见孙星衍购书、抄书数量之多。孙星衍购买图书的方式,分独资购买和集资购买两种,其中独资购买占了绝大多数。但是,有时遇到一些少见的稀有珍本,价格十分昂贵,又甚难寻觅,需要求助他人或团体才能促成此事。如嘉庆五年(1800)五月,孙星

---

① (清)孙星衍:《平津馆鉴藏书籍记·序》,商务印书馆1936年版。
② (清)孙星衍:《孙氏祠堂书目·序》,商务印书馆1935年版。

第二章 孙星衍与文献收藏

衍抵达金陵,"以金陵六朝所都,近代郡志为戚光率意更改,名迹无据,因求《景定建康志》,适江南制府署中有康熙间敕赐宋刻本。费相国淳总制两江,因以书付君,醵(通'聚')赀仿刻之。费相国嘉君之志,分俸钱以襄其事"①。《景定建康志》五十卷,宋代马光祖修,周应合纂,该书以图、表、志、传为体裁,章节细目,井然有序,尤以内容完备、志表精详著称,在清代可谓稀有之珍本、善本。而孙星衍能获观此书,并加以仿刻出版,没有费淳等人的大力支持,是不可能完成的。

孙星衍购书、抄书非常执著,数十年如一日,坚持不懈,这主要表现在两个方面:一是贫窘时不忘购买。清嘉庆四年(1799)二月,孙星衍从南京返回故里常州,这一待就是九年。在这期间,"负米吴越,贫不自存,犹时时购补数十种"②,由此可见孙氏对购书以藏的热爱和执著。二是游历时不忘搜讨。前已有言,孙星衍是一个旅游爱好者,足迹几遍半个中国;同时他又是一位知名学者,博极群书,对所到之处的名胜古迹极为熟悉,加上细心搜讨,严谨考证,会在游历中获得许多珍贵的碑碣拓片。如乾隆五十一年(1786)

---

① (清)张绍南:《孙渊如先生年谱》"四十九岁"条,清抄本。
② (清)孙星衍:《孙氏祠堂书目·序》,商务印书馆1935年版。

九月,到金坛访业师胡志熊,顺路参观了九里镇季子庙,手拓了十字碑碑文。又如嘉庆十三年(1808)九月,游费县,访季桓子故里,在县署抄得羵羊井铭文。孙星衍购书、抄书如此之执著,其藏书有十万卷之盛,自然也是情理之中的事了。

二 藏书处与藏书印

1. 藏书处

孙星衍的藏书处主要有孙氏祠堂、平津馆、廉石居三处。

孙氏祠堂是在清嘉庆三年(1798)十月,孙星衍丁忧归里途经南京时,受父亲之命,为祭拜先辈前明功臣孙兴祖而筹资创建的。根据《孙氏祠堂书目》记载,此处藏书共有两千三百多种,四万六千余卷,几乎占了孙星衍全部藏书的一半。但笔者认为此处藏书远不止这些,因为孙星衍编撰《孙氏祠堂书目》的目的是"课其子孙",指导他们循序渐进地读书学习,仅仅收录了对其子孙在治学和思想上有价值、有启发的书籍,而对于那些无关紧要甚或对其子孙治学和思想上有害的书籍,则被摒弃在外。

孙氏祠堂内有一小院,院内原有五株古松,故名为"五松园"。孙氏在园中堆砌假山,蓄鹤植木,作为祖母游乐之所。五松园门楣有一匾额，上题有"廉石居"三字。此处也是孙星衍藏书之地，不过这只是孙氏全部藏书中较少的一部分，主要是一些治学常用的善本书。

孙星衍还有一个重要的藏书处，那就是平津馆。这是他第二次赴任山东督粮道驻节平原道之安德时创建的。关于该馆名称的由来，孙星衍也有专门的描述："鬲津至平原曰平津。予参藩山左，驻节安德，地为平原故郡。所以名我馆者，以识风土古迹。"① 该馆藏书大都是孙星衍要常读常用的善本书，他曾记述道："予参藩东省，驻节安德，因则要用书籍，携载行笈，每年转粟东归，公事多暇，辄与同舍诸生名士校订撰述，以销永日。于家园藏书，才十之四五耳。"② 后又将从翰林院、浙江文澜阁等处抄录的珍本、秘本，也均藏于此处。

此外，孙星衍的藏书处还有苏州虎丘一榭园，该园原本是吴郡名士燕谈游乐之所，后被改造成孙子祠，以供后世瞻仰和祭拜。而在孙星衍死后，他的儿子孙竹庼将孙氏祠堂藏书的一部分移至此处。根据后人所得该处散失之书推知，此处藏书大都有孙星衍的藏书印记和题识，即多是孙星衍所藏的善本书籍。

---

① （清）孙星衍：《孙渊如先生全集·平津馆文稿》卷下《平津馆记》，商务印书馆1935年版。

② （清）孙星衍：《平津馆鉴藏书籍记·序》，商务印书馆1936年版。

2. 藏书印

孙星衍的藏书印比较丰富，约有 27 方。笔者根据印文内容将其归为六类：一曰名号印，如"孙星衍印""星衍私印""孙伯渊""芳茂山人""孙氏伯渊"等。二曰里第印，如"清溪寓公"。三曰斋馆印，如"五松书屋""平津馆鉴藏书籍记""廉石居藏书记""孙氏祠堂""孙忠愍祠堂藏书记"等。四曰仕履印，如"都官""丁未一甲进士""臣星衍印""臣星衍""太史之章""绿衣执法大夫印""旧史氏""东方廉使""东方督漕使者""东鲁观察使者"等。五曰惜书印，如"淡如珍藏"。六曰记事印，如"丁未对策上第"。

三 藏书特点

1. 藏书种类丰富

孙星衍的藏书种类十分丰富，这可以从以下两个角度来分析。

一是从纵向的角度来看，孙星衍的藏书涵盖了古今书籍，并且追求"愈古"性，这当和他追求善本的思想有关，也反映了他崇古厚古的思想。在这种思想的影响下，孙星衍购书的次第自然是由远及近，愈古愈渴求，按照他自己的说法是"先求先秦三代古籍，次及汉魏六朝唐宋，次及宋元明之最精要者"①。根据笔者对孙星衍所撰《平津馆鉴藏书籍记》(亦称《平津馆鉴藏记》)著录图书的统计结果,即宋版书有33种,元版书有50种,明版书有141种,旧影写本书有39种,影写本书有28种,旧写本书有9种,写本书有29种,外藩本书有9种,也在一定程度上反映了孙氏藏书的这一特点。

二是从横向的角度来看,孙星衍的藏书几乎涵盖了经、史、子、集、天文、地理、医药、法律、小说、书画等各种类别。根据笔者对孙星衍所撰《孙氏祠堂书目》著录图书的统计,经学类书有436种,小学类书有82种,诸子类书有199种,天文类书有107种,地理类书有127种,医律类书有79种,史学类书有254种,金石类书有98种,类书类书有81种,词赋类书有718种,书画类书有57种,小说类书有89种。他也曾自述其藏书已"略具各家之学"②,诚非虚语。

2. 藏书版本多且精

孙星衍寻觅善本、珍本书籍非常勤奋和执著。他一生游历颇广,既做过京官,也做过地方官,足迹几乎遍及大江南北,这为他寻觅善本、珍本提供了良好的机会和条件,但仍会遇到一些具体困难。他曾经自述道:"曩余游苏杭,及官京师时,

---

① (清)孙星衍:《孙氏祠堂书目·序》,商务印书馆1935年版。
② 同上。

所见秘府及市肆旧本甚多,既不能购写。及官外台,岁秩优厚,又以地僻无所得。先后从翰林院存贮底本及浙江文澜阁,写录难得之书,或友人远致古籍,酬以重值,颇有善本及秘府未收之本。"① 从孙星衍所撰《廉石居藏书记》的著录内容上看,诸如"此本为善本""此本为珍本""后人宝之""可宝也"之类的词句频繁出现,亦可见孙氏所藏善本、珍本之多。如所藏《韩诗外传》十卷,是经过乾嘉名家卢文弨校勘过的元刻本,"诚为善本"②;又如所藏《仪礼》十七卷,是仿宋刻本,纸版洁白,质量甚佳,甚可爱也;再如所藏《晏子春秋》七卷,乃是元刻本,"每卷首有总目,又各标于本篇,惟缺末章之大半,因据《太平御览》九百三十五引此书补足之。儒家书,此为第一,又是刘向手定,篇第完备,无伪缺,甚可宝也"③,等等。就连当时所见所藏都极为丰富的大儒阮元,也从孙氏藏书处抄录了许多世间难觅的古书,以补《四库全书》未采之缺。著名学者姚鼐也曾对孙氏所藏善本大加称赞:"自兴雕板易抄胥,市册虽多乱鲁鱼。君自石渠翻《七略》,复依官阁惜三余。世推列架皆精本,我愿连墙借读书。"④ 后人陈

---

① (清)孙星衍:《平津馆鉴藏书籍记·序》,商务印书馆1936年版。
② (清)孙星衍撰,陈宗彝辑:《廉石居藏书记》,中华书局1985年版。
③ 同上。
④ (清)姚鼐:《惜抱轩诗文集·诗集》卷十《孙渊如观察星衍万卷归装图》,录自张元济等辑《四部丛刊初编》,商务印书馆1919年版。

第二章 孙星衍与文献收藏

宗彝亦曾评价道："先生（指孙星衍）于所藏宋元椠本及旧钞诸善本，多《四库》未得之秘。"① 当代文献学家张舜徽先生也称，孙星衍是一位以收藏善本为主的鉴赏家。

孙星衍不仅善搜秘本，而且对同一种书，务求众本，以便参校而用。如所藏《说文解字》，有星衍仿宋小字刊本、影写宋本、明毛晋刊本、大兴宋氏刊本四种版本；所藏《老子道德经》，有纂图互注宋巾箱本、明世德堂刊本、明重刊小字本、明朱重光中都四子本、明吴勉学刊本、易州石刻本六种版本；所藏《庄子》，有纂图互注巾箱本、宋巾箱本、重刊巾箱本、明世德堂刊本、明重刊小字本、明重刊大字毛扆校本、明中都四子本、明邹之峄刊本八种版本；所藏《华阳国志》，有明吴琯刊本、明影写宋本、新刊卷十补足本、星衍校写足本四种版本。这类诸多版本的著录，在《孙氏祠堂书目》中表现得极为明显。

3. 藏书分类合理

孙星衍藏书众多，内容广泛，如何分类以便检索查阅，是他需要解决的一个重要问题。孙星衍鉴于当时学术的发展，按照科学分类的原则，以为宗族子弟提供治学门径为目的，将所

---

① （清）陈宗彝：《廉石居藏书记序》，录自（清）孙星衍撰，陈宗彝辑《廉石居藏书记》，中华书局1985年版。

图 2-1 《孙氏祠堂书目》民国间印本书影一

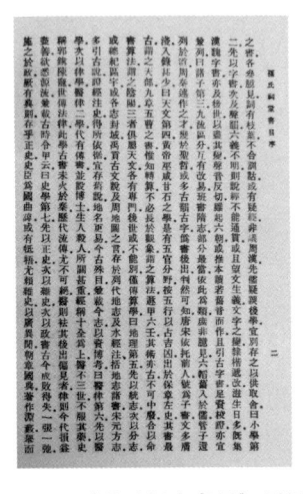

图 2-2 《孙氏祠堂书目》民国间印本书影二

图 2-3 《孙氏祠堂书目》民国间印本书影三

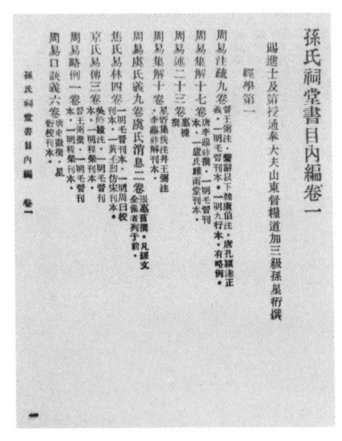

图 2-4 《孙氏祠堂书目》民国间印本书影四

第二章 孙星衍与文献收藏

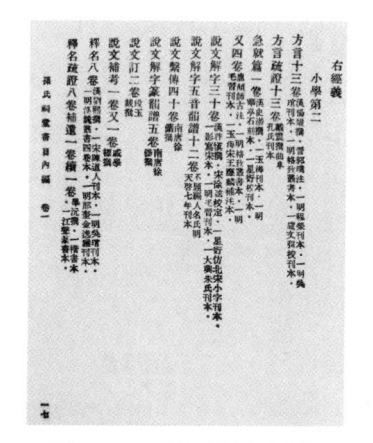

图 2-5 《孙氏祠堂书目》民国间印本书影五

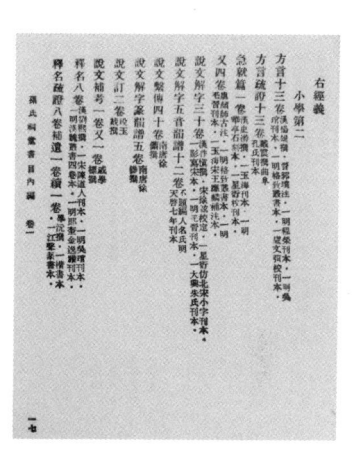

图 2-6 《孙氏祠堂书目》民国间印本书影六

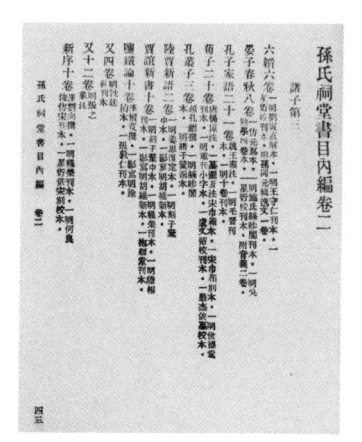

图 2-7 《孙氏祠堂书目》民国间印本书影七

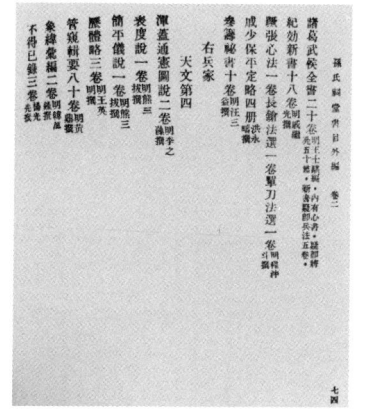

图 2-8 《孙氏祠堂书目》民国间印本书影八

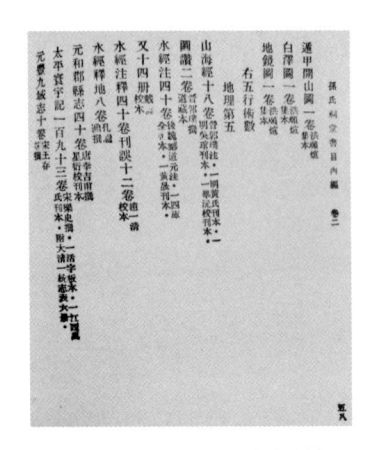

图 2-9　《孙氏祠堂书目》民国间印本书影九

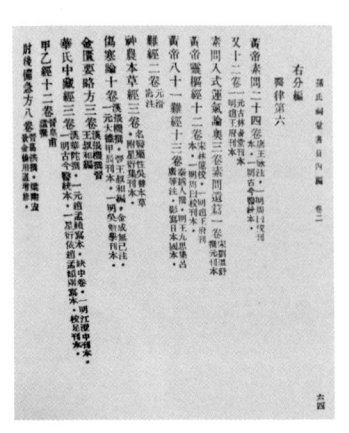

图 2-10　《孙氏祠堂书目》民国间印本书影十

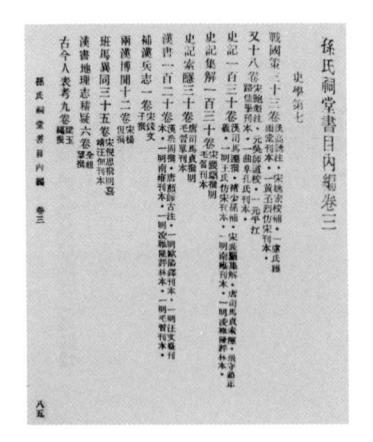

图 2-11　《孙氏祠堂书目》民国间印本书影十一

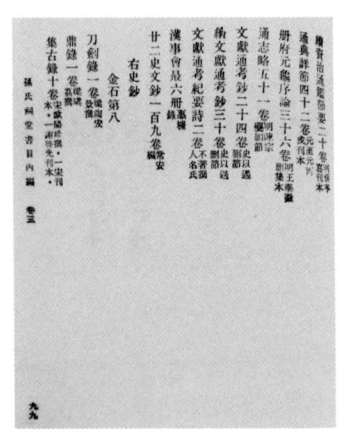

图 2-12　《孙氏祠堂书目》民国间印本书影十二

第二章 孙星衍与文献收藏

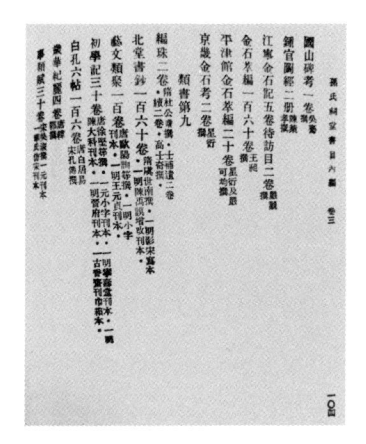

图 2-13 《孙氏祠堂书目》民国间印本书影十三

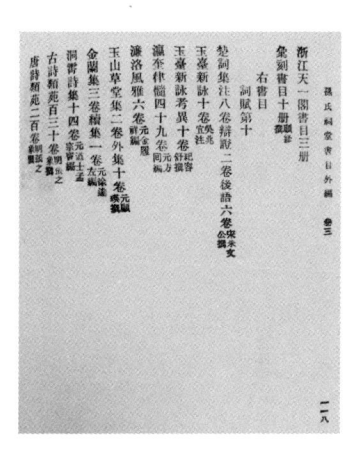

图 2-14 《孙氏祠堂书目》民国间印本书影十四

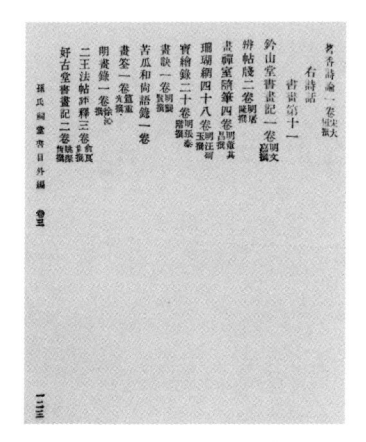

图 2-15 《孙氏祠堂书目》民国间印本书影十五

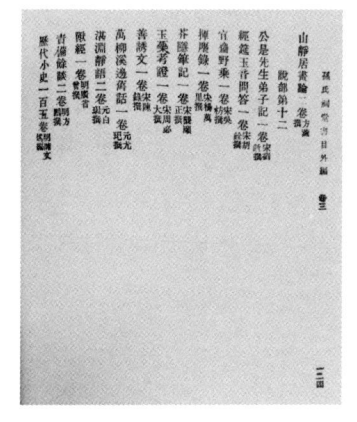

图 2-16 《孙氏祠堂书目》民国间印本书影十六

藏图书分为十二大类，下分四十四小类：曰经学第一，下分易、书、诗、礼、乐、春秋、孝经、论语、尔雅、孟子、经义十一类；曰小学第二，下分字书、音学两类；曰诸子第三，下分儒家、道家、法家、名家、墨家、纵横家、杂家、农家、兵家九类；曰天文第四，下分天部、算法、五行术数三类；曰地理第五，下分总编、分编两类；曰医律第六，下分医学、律学两类；曰史学第七，下分正史、编年、纪事、杂史、传记、故事、史论、史钞八类；曰金石第八；曰类书第九，下分事类、姓类、书目三类；曰词赋第十，下分总集、别集、词、诗话四类；曰书画第十一；曰说部第十二。这一分类方法突破了传统四分法的藩篱，走出了一条按科学划分门类的新路子，可谓颇有见地和创新。观其分类，尽管尚有一些不足之处，如将医律合为一类，不管是出于什么样的考虑，都有些牵强之感，但是整体而言，这一分法还是比较符合当时社会学术发展现状的，自然也是比较合理的。下面就对孙星衍创立的十二分法展开论述。

四　藏书分类思想——十二分法的创立

西汉刘向、刘歆父子草创六分法以后，在相当长的一段时期内，此分法居于绝对优势地位，很少出现与其有重大出入的分类法。三国魏时郑默《中经》出，经晋朝荀勖、李充完善，四分法逐渐为人采用，尤其是唐代官方正式确立以后，四分法在图书分类的使用中处于主流地位。特别是清乾隆末年《四库全书总目》的编撰，使四分法得到了极大的充实和完善，也使四分法的统治地位得到了空前的巩固和提高。在这期间，能不拘四分法束缚者，只有《通志·艺文略》《白华楼书目》《述古堂书目》等寥寥数种，可谓凤毛麟角。而在《四库全书总目》刊出后不久，孙星衍就以极大的胆识冲破四分法的牢笼，自创十二分法，真是"勇壮可嘉，不愧为别派之后劲矣"①。下面就对其十二分法做详细阐述。

1. 十二分法产生的依据

十二是代表自然界四季更替一个周期的一个数字，也是古人计量一个整体或一个完整体系的基本单位，如十二生肖、十二地支、十二分野、十二经脉，等等。而孙星衍独树一帜，将其应用到图书分类法中，把自己所藏图书分为十二大类，以符合"十二"这一岁周之数。这也向人们暗示了孙氏藏书分类体系是较为完整的，符合当时社会学术发展的需要。具体说来，此分法产生的依据如下。

一是依据各类图书数量的多寡。孙星衍在划分门类时，本

---

① 姚名达：《中国目录学史》，商务印书馆1936年版，第125页。

来就是从自己藏书的实际出发,本着便于检索、方便实用的原则进行的,这也许正是他不拘传统图书分类法束缚的主要原因。因此,他在分类时必然会充分考虑各类藏书数量多寡这一要素,毕竟图书各类数量的平衡性是衡量图书分类是否合理的重要指标。关于这一点,在孙星衍十二分法的类目设置上亦可窥见一斑。如他将无太大关联的医学、律学合为一大类,实在是不伦不类,而他给出这样划分的理由是"医、律二学,代有传书,并设博士,生人杀人,所关甚重"①。这种解释实属牵强,诚难令人信服,后人对此也颇多微词。笔者认为,孙星衍是对自己所藏图书的数量进行调查以后,考虑到医学、律学两类图书数量比较少(根据《孙氏祠堂书目》的著录信息,医学有66种,律学只有15种),不足与其他大类并列,但孙氏又觉得这两门学问比较重要,欲将其从二级类目中独立出来。若分为两大类,不免有失重之感;若合二为一,既能位居一级类目,凸显其重要性,又能消除失重之弊,还可以满足"十二"类之数,真可谓"一石三鸟"。至于"生人杀人,所关甚重"的解释,只不过是孙星衍为自己分类安排的合理性所找的托词而已。

二是依据当时社会学术的发展状况。孙星衍的十二分法创

---

① (清)孙星衍:《孙氏祠堂书目·序》,商务印书馆1935年版。

第二章 孙星衍与文献收藏

设于嘉庆五年（1800），当时孙星衍已是学坛领袖人物，完全有能力站在时代的最前沿，准确地把握学术发展的脉搏，全面地认识当时的学术体系。而最能够反映这一点的，莫过于孙星衍在诂经精舍时授课内容的拓展。同是嘉庆五年，孙星衍受当时浙江巡抚阮元之聘，主讲诂经精舍，"命题课业，问以经史疑义，旁及小学、天部、地理、算法、词章"①。可见，诂经精舍的授课内容已不限于习理课文这样一些应试之学，而是有了较大拓展，所教之学涉及经学、史学、小学、天文、地理、算学、词赋等多个学科。而这些学科名称与孙氏十二分法的一级类目颇多暗合，基本包含于孙氏十二分法的类目之中。而诂经精舍正是为了适应当时社会学术发展的需要而创建的，其教学内容的设置自然也就反映了当时社会学术的发展状况。阮元曾云："精舍者，汉学生徒所居之名。诂经者，不忘旧业，且勖新知也。"② 阮元针对大多数书院以习理课文为主的弊病，欲恢复汉学，倡导经史文字音训之学，并"选两浙诸生学古者，读书其中"③，以复得圣贤之道。诂经精舍这种以恢复汉学学风和治学精神的宗旨，就决定了其授课内容的设置，也反

---

① （清）张绍南：《孙渊如先生年谱》"四十八岁"条，清抄本。
② （清）阮元：《揅经室二集》卷七《西湖诂经精舍记》，商务印书馆1937年版。
③ 同上。

映了当时社会学术发展的潮流。正如郑天一先生所说,"孙氏十二分法、诂经精舍教授的内容与乾嘉学术体系是在一条轴线上,分别从不同领域体现同一学术体系。乾嘉学术体系是十二分法一级类目构成的基础,是其产生的重要动因"[①]。再细而观之,孙星衍将小学列为一级类目,也是受到了当时社会学术发展的影响。梁启超先生曾将清代之考证学当作中国社会学术发展的四大思潮之一。[②] 而此思潮的高峰就形成于乾嘉时期。这一时期的学者大都强调学以致用,并认为实现这一目的的途径是:欲求致用,必先通经;欲求通经,必先识字。在这种思想的影响下,文字、音训之学迅速兴起,并得到了蓬勃发展,一度成为显学。孙星衍生活于这一时期,自小就受到这种环境思想的熏陶,少时又追随汉学大家卢文弨、钱大昕等人,加上自己从事考据的多年实践,自然对此学有较深的造诣。他认为,"六义不明,则说经不能通贯,或且望文生义"[③]。此外,孙星衍还以"问字堂"作为自己斋馆的名称,可见他对此学的重视。孙星衍将此学列为一级类目,凸显其重要性,不仅是

---

① 郑天一:《论文化环境、心理偏向与图书分类法——孙星衍十二分法产生的文化基因》,《图书馆杂志》2001年第4期,第53—54页。

② 清末学者梁启超在《中国近三百年学术史》中曾言:"我国自秦以后,确能成为时代思潮者,则汉之经学,隋唐之佛学,宋及明之理学,清之考证学,四者而已。"

③ (清)孙星衍:《孙氏祠堂书目·序》,商务印书馆1935年版。

第二章 孙星衍与文献收藏

个人专深爱好所致,更是时代学术发展所趋。

此外,该十二分法的产生还有其主观因素。任何一种新事物的发明或创造,都会受到发明者或创造者主观意识的影响和制约,这也是任何新事物产生时总会有其局限性的根本原因。孙星衍创立十二分法,自然也不会例外。最能反映于此的,就是孙氏将经学类列为第一。将经学类列为第一,不是孙星衍的专用,而是历来图书分类的传统,自《七略》起,各种分类法均是如此。但是,笔者为什么将此作为孙氏十二分法主观因素的例子呢?原因是孙氏列经学为第一后,在排列其他大类时考虑了其与经学紧密度的问题。紧密度越大,就越贴近经学类。如列小学为第二位,原因是"六义不明,何以通经";列诸子为第三位,原因是诸子之作几乎同于圣哲之作(儒经);将天文、地理、医律三类紧列其后,原因是要做儒者,必须要懂得治国安邦之道,也就必须要上知天文,下知地理,对国家法律和医疗之道也要了若指掌;而史学列于第七位,位于诸子类之后,一反四分法"经、史、子、集"的排列顺序,也是出于它对证实经学方面的作用不如诸子类;金石原属史学类下的一个子目,今孙氏根据学术发展的需要,将其列为一级类目,而紧随史学类之后,可见其在补正经史方面的作用还是比较大的;与金石类相比,类书类在补正经史方面的作用就略逊一筹,仅能起到"羽仪经史"的作用,所以位列第九;而词赋仅有助于考古之用，书画被认为是雕虫小技，说部很早就被视作稗官野史、不应入流之类，将此三类排在经学核心的最外层，也是其与经学的紧密度极小有很大关系。这种按与经学紧密度安排各大类顺序的做法，不仅是孙星衍崇经尊经"唯圣"思想的反映，还是他对经学以及其他各类之学深刻理解的结果，当然也是孙星衍主观意识贯入整个分类法的过程。

2. 十二分法类目设置的创新之处

我国古代传统的图书分类方式是类书，而非类学。关于这种分类方式的弊病，姚名达先生曾有精辟的论述：

> 向来目录之弊，惟知类书，不知类学。类之有无，一依书之多少而定。司马谈分思想为六家之旨，后世徒存遗说于子部，而不能充之于各部。乃至以不成学术之名称，猥为部类之标题，自《七略》《七录》已不能无其弊，《隋志》以下抑又甚焉。[1]

就连传统分类法中几臻完善的《四库全书总目》（以下简称《总目》）也未能逃脱此弊，仍按类书的方式分经、史、子、集四部，根本无法体现学术发展的规律性，如经部著录之

---

[1] 姚名达：《中国目录学史》，商务印书馆1936年版，第119页。

第二章 孙星衍与文献收藏

作无法以一家之学论之,史部则兼采数门之学,子部更是包罗万象,一些无法判断其归属或者新出现的学科均归于此。而谈及类学的,则出自个人所撰书目,源自一些不拘传统思想束缚之人对书目分类的深刻理解以及对学术发展规律性的深层认识。宋代郑樵发其端,明代茅元仪衍其绪,清代孙星衍续其流。孙星衍不仅继承了以往按学术分类的实体性成果,而且在对学术分类实质进行更加深刻理解的基础上,做了进一步的发展和完善,开启了近代按学术分类的先声。

按学术分类,是孙星衍十二分法最主要、最突出的一个分类原则,与传统的分类法相比,也是该分法最明显的一大特色。就与《总目》比较而言,其创新之处颇多,体现于类目设置上,主要有以下五点。

第一,将原属于二级类目的上升为一级类目,如小学、天文、地理、金石、书画、说部等类。这些类目在《总目》中属于二级类目,小学依附于经部,天文、地理、金石隶属于史部,书画、说部从属于子部。而孙氏或因该学科的发展壮大,或因时代学术发展的需要,或因自己对该学科重要性的理解,将其提升到了一级类目。

第二,将原有一级类目下的二级类目另立于他类,如目录类。在《总目》中,目录类隶属于史部,这也是历来分类法的传统。而孙氏受同时代的学坛前辈章学诚的影响,认为目录的功用在于辨章学术、考镜源流,并认为"流传书籍,自有渊源,证以各家著录,伪书缺帙,不能妄托,宜存其目"①。也就是说,目录是研究各家之学源流以及伪书缺帙的,不特属于哪一类,而是为各家之学服务。这一点与类书有相通之处,故将其立于类书类之下。

第三,将原来不是一级类目的两个不太相干的类目合并为一类,并作为一级类目呈现,如医律类。在《总目》中,医学类入子部,律学类入史部。而孙氏认为:"医、律二学,代有传书,并设博士,生人杀人,所关甚重。经称'十全为上''医不三世,不服其药'。史称郭镇、陈宠,世传法律,此学古书未火于秦,历代流传,尤不可绝。"② 可见,医、律二学均是历史悠久、源远流长的学科:关于医学,"医不三世,不服其药";关于律学,"古书未火于秦,历代流传,尤不可绝"。此外,医、律二学还与人的关系密切,故孙氏将它们从二级类目中独立出来。而将二学合并为一级类目,则是由孙氏所藏两类图书数量较少所致。

第四,将无所归附而数量较多的类独列为一大类,如类书类。类书类图书不仅数量可观,而且内容庞杂,含有经、史、

---

① (清)孙星衍:《孙氏祠堂书目·序》,商务印书馆1935年版。
② 同上。

子、集各部内容的成分。这给古人在划分图书门类时带来了不少麻烦。《总目》编撰者纪昀等都是当时学界的大家,自然知道这一事实,但终究因不知如何去做而不得不依从传统的归类方法,将其纳入了子部。《总目》在"类书类"项的小序下云:

> 类书之事,兼收四部。而非经非史,非子非集。四部之内,乃无类可归。《皇览》始于魏文,晋荀勖《中经》部分隶何门,今无所考。《隋志》载入子部,当有所受之。历代相承,莫之或易。明胡应麟作《笔丛》始议改入集部。然无所取义,徒事纷更,则不如仍旧贯矣。此体一兴,而操觚者易于检寻,注书者利于剽窃,转辗裨贩,实学颇荒。然古籍散亡,十不存一。遗文旧事,往往托托以得存。《艺文类聚》《初学记》《太平御览》诸编,残玑断璧,至捃拾不穷,要不可谓无补也。[①]

从这一论述中可以看出,《总目》编撰者对类书在检寻图书、辑补图书方面的重要作用已有所认识,但也可以看出他们

[①] (清)永瑢等:《四库全书总目》卷一三五"子部类书类",中华书局1965年版,第1141页。

在分类实践上的保守。孙星衍与他们生活于同时，却能够不拘于传统束缚，大胆地将此类从子部中脱离出来，独立为一大类，虽非首创（将类书类独列为一大类的最早实践者是郑樵），但他不依附于当时权威，别出新见，真可谓有胆有识。尤其是在类书类下设事类、姓类、书目三个子目，则比郑樵又胜一筹，较郑氏分法更为完善。此外，该大类的设置，与当今图书分类法中的"综合类"颇为相似。由此，孙氏独到之处可窥一斑。

第五，将原来的一些类目进行分拆，如四书类。四书是指《中庸》《大学》《论语》《孟子》，是由南宋著名学者朱熹提出来的。"四书"作为一个类目，则出现于《明史·艺文志》。而《总目》依其例，将"四书类"立于经部之下，其理由是："朱子书行五百载矣。赵岐、何晏以下，古籍存者寥寥。梁武帝《义疏》以下，且散佚并尽。元明以来之所解，皆自四书出者耳。"[1] 可见，《总目》是依据四书对当时的重要作用而设置的，但是它并没有考虑四书各类之间重要性的差异。实际上，在清代乾嘉时期，四书类中的"中庸""大学"二类的重要性已有所下降，且相关著作也比较少。针对于此，孙星衍就

---

[1] （清）永瑢等：《四库全书总目》卷三五"经部四书类"，中华书局1965年版，第289页。

删除了"四书类",并取四书中"论语""孟子"二类,立于经学类之下,而将"中庸""大学"二类的著作著录于礼类之下。这样的类目设置安排,不仅符合了当时四书各类图书的实际状况,而且反映了四书各学学术发展的演变情况。

3. 十二分法创立的意义

孙星衍创立的十二分法,对当时以及后来的学术分类体系产生了极大影响,其重要意义主要表现在以下几个方面。

第一,丰富了图书分类实践,促进了图书分类朝着科学化、学术化方向发展。孙星衍创立十二分法时,四分法在我国图书分类史上已经统治了千年之久,历代官私藏书者在分类编目时无不奉为圭臬,特别是《总目》问世之后,此分法更是趋于完备。然而,随着科学研究的逐渐深入,各学科发展越来越细化,加上西方科技书籍的大量涌入,四分法已经无法满足这一形势发展的需要,革新势在必行。孙星衍作为革新先行者之一,利用中国传统"天人合一"的思想,将一年十二月的岁周之数应用于图书分类法中,把所藏之书分为十二大类,以示自己分类的合理性。这在中国古代图书分类实践的历史长河中,无疑是一次大胆的尝试,并且影响深远,如后来的《书目答问》《艺风堂书目》等都深受其影响。《孙氏祠堂书目》也常为后人称道,如清末学者叶德辉就称此书"通《汉略》《隋志》之邮,变《崇文》《文渊》之例,体近著述,语者不仅以书目重之"①；郑鹤声也称此书"实开目录学未有之先例，而厘然有当于学术"②。这种图书分类与学术发展的结合，不仅使图书分类反映了当时社会学术发展状况，而且促使图书分类朝着科学化、学术化方向发展。

第二，各级类目的设置与图书收录的选择，为后世提供了读书治学的门径。清代著名学者王鸣盛曾言："读书最切要者，目录之学。目录明，方可读书；不明，终是乱读。"③可见，目录具有指导读书的功用。孙星衍所编的三种书目，就有这样的功用，尤以《孙氏祠堂书目》最为显著。孙星衍在该书目的序文中就称该书目"略具各家之学，仅以教课宗教子弟，俾循序诵习"④。显然，孙星衍编撰该书目的目的就是为其宗族子弟提供读书治学的门径，使他们能循序渐进地学习。这具体可表现为两点：一是各大类的设置，基本上囊括了当时的"各家之学"，展示了当时社会整个学术的发展体系。而如此划分门类，不仅避免了四分法庞杂的弊病，而且使各家之学粲然明晰，使观者一览类目名称，就可以将整个学术了明于

---

① （清）叶德辉：《郎园读书志》卷四《书目答问》，澹园1929年版，第1928页。

② 郑鹤声：《中国史部目录学》，商务印书馆1956年版，第152页。

③ （清）王鸣盛：《十七史商榷》卷七《汉书一》，商务印书馆1937年版，第53页。

④ （清）孙星衍：《孙氏祠堂书目·序》，商务印书馆1935年版。

心,真正地做到"因类求书,因书究学"。另外,各大类的顺序按照与经学的紧密度来编排,也反映了孙星衍冀以书目来指导后辈如何治经的思想。二是图书收录的选择。这反映了孙星衍在编录图书时的慎重,实际上也是为后辈读书治学时不至于受诬而做的积极努力。他将"有益"的图书编排收录在一起,将"贻误后生"的图书也编排收录在一起,并作以"训导",即对各种图书的好坏优劣进行简要评析和说明。孙星衍在图书鉴别和甄选方面,可谓至勤至善。如说部一类,他就认为,"宋以前所载皆有出典,或寓难言之隐。今则矫诬鬼神,凭虚臆造,并失虞初志怪之意,择而取之,余同自郐焉"①。由此可以看出,孙氏在叙述收录范围时,在褒贬抑扬之间告诉世人:宋以前的小说"皆有出典,或寓难言之隐",皆可读;而今之小说,则"矫诬鬼神,凭虚臆造,并失虞初志怪之意",宜择读。至于如何择读,则可按照孙氏所收录图书的范围进行。

第三,将原来处于二级的类目凸显为一级类目,推动了这类学科研究的发展与繁荣。最突出、最明显的表现就是小说一类。在以往的书目分类中,小说往往被视为不能登大雅之堂的"六经之支流",以前常称的"九流十家",指的就是"小说

---

① (清)孙星衍:《孙氏祠堂书目·序》,商务印书馆1935年版。

家"不入流。而《孙氏祠堂书目》不仅将该类从子部中脱离出来，上升为一级类目，而且对该类自汉以来各种有益的小说、杂著加以收录。经笔者统计，该书目共著录该类图书187种，既有志怪小说《搜神记》《搜神后记》《鬼冢记》等，又有志怪录《志怪录》《闻奇录》《灵应录》等；既有历史题材小说《汉武帝外传》《汉武帝内传》《飞燕外传》等，又有武侠小说《剑侠传》《醉古堂剑扫》等；既有一些客话笔记《桃谿客话》《香祖笔记》等，又有一些杂著《清波杂志》《池北偶谈》等。收录可谓十分广泛，也比较多样。孙氏将其独列一大类，不仅提升了小说的地位，而且极大地丰富了中国古代小说文化的宝库，为该学科的发展壮大提供了史料保证。

此外，孙星衍的十二分法在著录时依尤袤《遂初堂书目》例，对所藏图书的各种版本进行了比较详尽的描述和精细的考证，辨析了各种版本的优劣。这不仅使世人在读书治学时可以直接选择较好的本子，而且有助于考察图书的演变及其流传情况，还推动了版本目录实践的发展。

第三章 孙星衍与文献编撰

孙星衍一生广涉群书，学识渊博，笔耕不辍，即使在为官忙碌时期依然不忘著述，所论涉及经学、小学、史学、方志学、金石学、诸子学等多个方面，是清代乾嘉时期一位知名的文献编撰家。

一 文献编撰概述

孙星衍学贯古今，兼通百家，著作等身。观其著作，按照编撰方式，可分为三类，即汇编类、撰述类、辑佚类。汇编类著作，是指孙星衍将自己或他人著述中具有相同或相近特征的内容，按照一定的编排方式重新组织在一起的著作；撰述类著作，是指孙星衍所撰的以单行本或他人汇编本形式流传、内容含有原创性或独特见解的著作；辑佚类著作，是指孙星衍从多种图书中辑录已经亡佚图书的条文，并将这些条文按照一定的编排方式重新组织起来，从而形成不完全等同于原著的著作。① 现将孙星衍的这三类不同类型的著作列举如下，具体见表3-1。

表3-1 孙星衍著作一览

类型	书名	卷数	编撰者	原始刊本	备注
汇编类著作	集古文尚书马郑注	10卷	（汉）马融，（汉）郑玄注，孙星衍编	不详	收录于《岱南阁丛书》
	建立伏博士始末	2卷	孙星衍编	不详	收录于《平津馆丛书》
	泰山石刻记	1卷	孙星衍编	民国二年（1913）上海国粹学报社刻本	稿本现藏于苏州图书馆
	平津馆金石萃编	20卷，补编不分卷	孙星衍、严可均编	不详	
	古刻丛钞	1卷	（元）陶宗仪编，孙星衍重编	嘉庆十六年（1811）刻本	收录于《平津馆丛书》

---

① 这里需要说明的是，此分类仅是针对于孙星衍个人的著作，不适用于将所有著作当作一个整体来看待的著作分类。如《孙渊如先生全集》《孙渊如诗文集》等，若以整体著作来看，它们应当归入"汇编类"；而这些著作中的诗文均是由孙星衍所撰，只不过由他人汇编而成，针对孙星衍个人的著作而言，它们应当归入"撰述类"。

— 50 —

续表

类型	书名	卷数	编撰者	原始刊本	备注
汇编类著作	续古文苑	20卷	孙星衍编	嘉庆十七年（1812）刻本	收录于《平津馆丛书》
	岱南阁丛书	155卷	孙星衍编	清乾嘉间孙氏刻本	共收录著作16种
	巾箱本岱南阁丛书	24卷	孙星衍编	嘉庆三年（1798）刻本	共收录著作5种
	平津馆丛书	254卷	孙星衍编	嘉庆十七年（1812）刻本	共收录著作43种
撰述类著作	晏子春秋音义	2卷	孙星衍撰	乾隆五十二年（1787）经训堂刻本	收录于《经训堂丛书》
	魏三体石经遗字考	不分卷	孙星衍撰	嘉庆十一年（1806）刻本	收录于《平津馆丛书》
	郑司农年谱	1卷	孙星衍撰，黄奭辑	嘉庆十四年（1809）刻本	收录于《黄氏逸书考》
	尚书今古文注疏	30卷	孙星衍撰	嘉庆二十年（1815）刻本	收录于《皇清经解》
	周易集解	10卷	孙星衍撰	不详	收录于《岱南阁丛书》
	三礼图	3卷	孙星衍、严可均撰	未刊	

续表

类型	书名	卷数	编撰者	原始刊本	备注
撰述类著作	京畿金石考	2卷	孙星衍撰	乾隆五十七年（1792）木活字本	收录于《行素草堂金石丛书》等
	寰宇访碑录	12卷	孙星衍、邢澍撰	嘉庆七年（1802）刻本	收录于《平津馆丛书》
	史记天官书补目	1卷	孙星衍撰	道光十三年（1833）世楷堂刻本	收录于《昭代丛书》《广雅丛书》等
	乾隆礼泉县志	14卷	蒋骐昌修，孙星衍纂	乾隆四十九年（1784）刻本	
	乾隆直隶邠州志	25卷	王朝爵、王灼修，孙星衍纂	乾隆四十九年（1784）刻本	
	乾隆澄城县志	20卷	戴治修，洪亮吉、孙星衍纂	乾隆四十九年（1784）刻本	
	乾隆三水县志	11卷	朱廷模、葛德新修，孙星衍纂	乾隆五十年（1785）刻本	
	乾隆偃师县志	30卷	汤毓倬修，孙星衍、武亿纂	乾隆五十四年（1789）刻本	

续表

类型	书名	卷数	编撰者	原始刊本	备注
撰述类著作	嘉庆庐州府志	54卷	张祥云修,孙星衍纂	嘉庆八年(1803)刻本	
	嘉庆松江府志	84卷	宋如林修,孙星衍、莫晋纂	嘉庆二十二年(1817)刻本	
	江苏毗陵孙氏谱记	9卷	孙星衍撰	嘉庆十五年(1810)刻本	现藏于上海市图书馆
	孙氏祠堂书目	内篇4卷,外篇3卷	孙星衍撰	嘉庆十五年(1810)刻本	收录于《岱南阁丛书》
	平津馆鉴藏书籍记	3卷,补遗1卷,续编1卷	孙星衍撰	道光二十年(1840)式训堂刻本	收录于《式训堂丛书》
	廉石居藏书记	内篇1卷,外篇1卷	孙星衍撰,陈宗彝编	道光十六年(1836)式训堂刻本	收录于《式训堂丛书》
	问字堂集	6卷	孙星衍撰	乾隆五十九年(1794)刻本	收录于《岱南阁丛书》
	岱南阁集	2卷	孙星衍撰	嘉庆三年(1798)刻本	收录于《岱南阁丛书》
	冶城山馆遗稿	5卷	孙星衍撰,严可均辑	未刊	已佚
	孙伯渊文集	6卷	孙星衍撰,缪荃孙辑	不详	中科院图书馆藏有缪荃孙钞本

续表

类型	书名	卷数	编撰者	原始刊本	备注
撰述类著作	孙渊如先生全集	23卷	孙星衍撰	光绪十一年（1875）吴县朱氏刻本	
	孙渊如外集	5卷，附录1卷	孙星衍撰，王重民辑	民国二十一年（1932）铅印本	中科院图书馆藏有此本
	孙渊如先生文补遗	1卷	孙星衍撰，王大隆辑	民国二十七（1938）铅印本	收录于《戊寅丛编》
	孙渊如先生书札	不分卷	孙星衍撰	未刊	稿本现藏于国家图书馆
辑佚类著作	孔子集语	17卷	孙星衍辑	嘉庆二十年（1815）平津馆刻本	收录于《平津馆丛书》
	括地志	8卷	（唐）李泰等撰，孙星衍辑	嘉庆二年（1797）刻本	收录于《岱南阁丛书》
	汉礼器制度	1卷	（汉）叔孙通撰，孙星衍辑	不详	收录于《平津馆丛书》
	汉旧仪	2卷，补遗2卷	（汉）卫宏撰，孙星衍辑	不详	收录于《平津馆丛书》
	汉官仪	2卷	（汉）应劭撰，孙星衍辑	不详	收录于《平津馆丛书》
	汉官	1卷	孙星衍辑	不详	收录于《平津馆丛书》

第三章 孙星衍与文献编撰

续表

类型	书名	卷数	编撰者	原始刊本	备注
辑佚类著作	汉官典职仪式	1卷	（汉）蔡质撰，孙星衍辑	不详	收录于《平津馆丛书》
	汉仪	1卷	（汉）丁孚撰，孙星衍辑	不详	收录于《平津馆丛书》
	汉官解诂	1卷	（汉）王隆撰，（汉）胡广注，孙星衍辑	不详	收录于《平津馆丛书》
	神农本草经	3卷	（三国魏）吴普等述，孙星衍、孙冯翼辑	嘉庆四年（1799）问经堂刻本	收录于《问经堂丛书》
	秘授清宁丸方	1卷	孙星衍辑	嘉庆间刻本	
	元和姓纂	10卷	（唐）林宝撰，孙星衍、洪莹辑	嘉庆七年（1802）刻本	
	仓颉篇	3卷	（秦）李斯撰，孙星衍辑	乾隆四十六年（1781）刻本	收录于《岱南阁丛书》
	物理论	1卷	（晋）杨泉撰，孙星衍辑	不详	收录于《平津馆丛书》

关于此表，需要说明以下几点。

（一）本表先按汇编类、撰述类、辑佚类划分，再按经、史、子、集及其子目排列，同类著作再按最早版本出现时间的先后顺序排列。不确定原始刻本出现时间或未刊者，放在所属类别能确定原始刊本时间的著作之后。

（二）凡是明代及其以前的编撰者，都在其姓名前加标其所属的时代，并用小括号括起来。凡是清代及其以后的编撰者，均不加标其所属的时代。

（三）原始刊本，是指一种著作以单行本形式或随他书一起刊刻于世的最早版本。

（四）不确定原始刊本出现时间的，注明"不详"字样；尚无刊本的，注明"未刊"字样。

（五）已经亡佚的著作，注明"已佚"字样。

（六）孙星衍的书法作品，如《循吏况公像赞》《金石家篆书楹联》《五言古诗轴》等均不列入。孙星衍作为参编者、而非主纂人员的著作，如王昶主编的《金石萃编》、俞正燮主纂的《古天文说》等均不列入。

（七）本表依据《孙渊如先生年谱》《续修四库全书总目提要》以及有关孙星衍的传记资料来查寻其著作，然后通过查阅各大图书馆所藏的孙氏著作，来确定图书的著录信息。但是，限于笔者学识与文献搜罗之难，尤其是一些珍本、善本之书，搜寻原始刊本实属不易，所以在著录各项信息时难免会有错漏之处，唯望与识者共鉴而勘补之。

第三章 孙星衍与文献编撰

二 汇编类著作的编撰特点

　　汇编类著作，就是将自己或他人著述中具有相同或相近特征的内容按照一定的编排方式重新组织在一起。如《集古文尚书马郑注》是将《古文尚书》中马融、郑玄所做的注解汇编在一起。《建立伏博士始末》汇集了从嘉庆元年（1796）孙星衍提交设置伏生博士咨请书到嘉庆七年（1802）咨请书获批这一过程中的所有文件资料。《平津馆金石萃编》是将孙氏家藏周秦至唐末五代的金石拓本汇编在一起，以补王昶《金石萃编》之缺漏。《古刻丛钞》是孙星衍在元代陶宗仪所编之书的基础上，对所录碑文按时代顺序重加编次而成。《泰山石刻记》则是将自秦二世《颂德文》起，至乾隆二十八年（1763）《重修泰山书院记》期间，"凡历代帝王封禅摩崖纪功，文人学士游览题记，不论存佚，并为登载"[①]。《续古文苑》是续唐人《古文苑》而作，将汉至元代的诗词、碑赋、杂文汇编在一起，但它也并非见文必收，而是具有一定的编录标准："汉魏六朝遗文坠简，见于类书传记者，因流传渐罕，

[①] 中国科学院图书馆编：《续修四库全书总目提要》第2册，齐鲁书社1996年版，第522页。

图 3-1 《古文尚书》中华书局本书影一

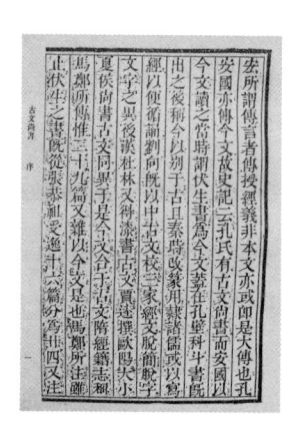

图 3-2 《古文尚书》中华书局本书影二

凡有完篇，大率甄取；隋唐以下，择其佳者存之；宋元，取其人有潜德、文有关者。碑刻准此。"① 《岱南阁丛书》《巾箱本岱南阁丛书》《平津馆丛书》都是孙星衍鉴于丛书"无虞散失"② 的思想，将自己刊刻之作汇编在一起。孙氏所汇编的这类著作，同一般汇编性质的著作一样，具有广搜博采、随见随录的特点。鉴于这类著作并不具有独特性，笔者仅对其作以简要说明，不再展开论述，而对于各著作中收录的撰述或辑佚之

---

① （清）孙星衍：《续古文苑·凡例》，商务印书馆1936年版。
② （清）孙星衍撰，王重民辑：《孙渊如外集》卷六《平津馆丛书序》，民国二十一年（1932）铅印本。

作,则散见于其他两类的论述。

三 撰述类著作的编撰特点

撰述类著作,是孙星衍所撰述的以单行本或他人汇编本形式流传、内容含有原创性或独特见解的著作。这类著作约占孙氏全部著作的60%,是孙氏文献编撰的主体,反映了孙氏文献编撰的主要思想。那么,这些著作具有哪些编撰特点呢?

1. 引证广泛,注明出处

孙星衍喜好阅读,博览群书,经史子集无所不读,无所不览,这使他在撰述时能够触类旁通,引证十分广泛。如所撰杂文《拟置辟雍议》,征引《韩诗》《礼记》《孝经》《左传注》《淮南子注》《文选注》《水经注》《月令论》《太平御览》《艺文类聚》《东观汉纪》《长安志》《白虎通义》《春秋释例》《说文解字》《广韵》《汉书》《后汉书》《宋书》《三辅黄图》《辟雍诗》《辟雍赋》《东京赋》等20余种文献,以阐明"辟雍"的古义及其流变情况;所撰《伏羲陵考》,征引《老子》《汉书·地理志》《水经注》《史记正义》《晋书·地理志》《隋书·经籍志》《十道图》《元和郡县图志》《太平寰宇记》《元丰九域志》《宋史·地理志》《五经新义》《太平御览》

《元史·地理志》《山东通志》等近20种文献，辨析伏羲陵当在鱼台，而不在南郡、陈州。这两篇仅仅是小文，引证就如此广泛，若论其大部头著作，则引用文献就更为繁多。如乾隆四十七年（1782），孙星衍受当时邠州知府王朝爵之聘，主纂《直隶邠州志》，约两年而成。此书仿唐宋方志例，"记地理古迹，仿诸《太平寰宇记》《长安志》，记人物，仿诸《郏录》"①，且"多能刺取书传"②。据笔者统计，该书所引文献有二十二史、《毛诗》《尔雅》《说文解字》《列子》《孟子》《郡国志》《地形志》《水经注》《括地志》《元和郡县图志》《太平寰宇记》《长安志》《初学记》《太平御览》《文献通考》《续文献通考》《大清一统志》等40余种。

此外，孙星衍的撰述凡是有引文者，必详细注明出处，这样不仅尊重了他人的学术成果，也使自己的撰述信而有征。如所撰《尚书今古文注疏》三十卷，是一部较大部头的著作，征引文献众多，但综观其文，凡是引文处，必详载其出处，不厌其烦。又如与邢澍合撰的《寰宇访碑录》，这是一部记载自周至元末的石刻碑文目录，收集了各家所藏之古砖古瓦。在具体著录时，"凡书体及撰书人之姓名、碑刻之年月，均一一注

---

① （清）毕沅：《直隶邠州志·序》，乾隆四十九年（1784）刻本。
② （清）顾长绂：《直隶邠州志·序》，乾隆四十九年（1784）刻本。

第三章 孙星衍与文献编撰

于目下,其后人之题记及刻于碑阴者,亦分别注明"①。如此详细的著录,反映了孙星衍尊重著者的"版权"利益,不淹他人之功,不没他人之美。另外,孙星衍在品评他人撰述时,常常以引文不载出处为疵,如在校刊《元和郡县图志》时,就称该书"志载州郡都城、山川冢墓,皆本古书,合于经证,无不根之说,诚一代之巨制。古今地理书,赖有此以笺经注史,此其所以长也。但不载书传名目……是其小疵"②。

图3-3 《寰宇访碑录》
中华书局本书影一

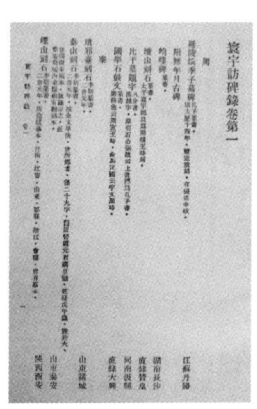

图3-4 《寰宇访碑录》
中华书局本书影二

---

① 中国科学院图书馆编:《续修四库全书总目提要》第2册,齐鲁书社1996年版,第47页。
② (清)孙星衍:《孙渊如先生全集·岱南阁集》卷二《元和郡县图志序》,商务印书馆1935年版。

2. 考订精审，求实存信

孙星衍精研小学，擅长考据，对所撰之文都细心校正，以求其是，存其实。乾隆四十九年（1784），陕西各地掀起了修志之风，许多政府官员组织文人学士修志。作为学者的孙星衍，此时正客在陕西巡抚毕沅幕中，因此受到了陕西各地许多官员的聘请。仅此一年，他就主纂了两部方志。一部是与洪亮吉合纂的《澄城县志》，该志文笔高超，考订谨严，"搜集材料，颇称详核，各门皆依据事实，质而不虚，于旧志之讹误，亦多所是正……稽其最足令人餍足者，端在考证之精详"①。另一部是《直隶邠州志》，孙星衍在撰写该志时对前志记述的内容进行了精细的考订和认真的校勘，不仅以双列小字加注的方式校对每一条内容，而且常在正文中添加按语，并注以"孙星衍曰"的字样来区别于正文内容，或辨析前志、旧志之漏误，或根据文献考证和实地考察来阐述事实，真可谓"搜讨周备，考证精详"②。另外，孙星衍游幕西安时，还受到毕沅之委托，考证昭陵陪葬之名位。为了完成这一任务，他遍考群书，以《宋会要》《长安志》为本，参考各类史书、《文献

---

① 中国科学院图书馆编：《续修四库全书总目提要》第19册，齐鲁书社1996年版，第618页。
② 同上书，第572页。

通考》《读礼通考》等,不仅指出了宋敏求、范文光、周锡圭诸君考证之失,还考证出昭陵陪葬者的人数及其身份,其中妃子7人,王侯7人,公主18人,宰相12人,丞郎三品以下者50人,功臣大将57人,共计151人。

孙星衍生平善交游,喜爱搜讨金石碑文。为此,他不辞劳苦,曾"以法曹扈从西巡,往返畿甸,渡易水,循恒山,出龙兑之麓,经行二千里,虽飞书草奏,日不暇给,犹复怀墨舐笔,驰马荒郊古刹之间,冀获遗文故物"①。孙星衍还勤思好疑,对所到之处的遗迹故实多有考证,并善于运用目验实证与文献记载相结合的方法来核验其实。如他在官山东时,就曾根据所见碑碣,辨正了伏羲陵当在鱼台、女娲陵当在济宁、殷汤陵当在曹县的观点,批驳了明代以来所定祀典之误。

孙星衍如此注重考证,目的是求实存信,不诬世人。他在引用文献时,常常寻求善本,并对所引文献进行一定的甄别遴选。如孙星衍在编撰《尚书今古文注疏》时,所引文献中,"《说文》用宋本,或载他书引用异文,惟《家语》《孔丛》《小尔雅》《神异经》《搜神记》等,或系伪书,或同小说,不敢取以说经,贻误后学"②。当孙氏在无法证实文献资料的

---

① (清)孙星衍:《京畿金石考·序》,中华书局1985年版。
② (清)孙星衍:《尚书今古文注疏·凡例》,商务印书馆1936年版。

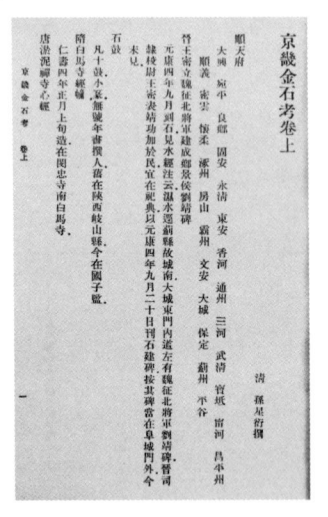

图 3-5 《京畿金石考》
中华书局本书影一

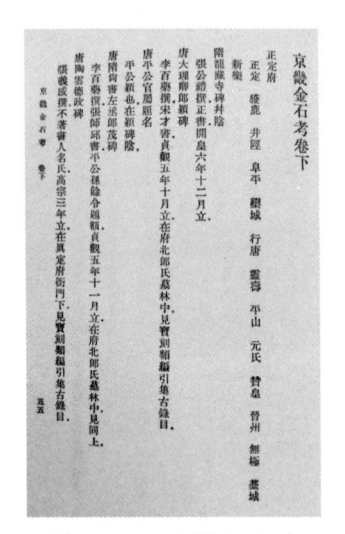

图 3-6 《京畿金石考》
中华书局本书影二

正确性时，往往采取"阙则存阙，疑则存疑"的态度，不凭主观臆测改动原文。即使是在对待伪书的问题上，他也极为慎重，认为伪书虽伪，但亦有价值，不可弃废，宜与真本并存于世，以便后人明析图书版本流变的真实情况。他在《古文尚书马郑注序》中就曾言道："窃谓伏生马郑之书，宜与梅赜本并立学官，如《汉艺文志》廿九篇、卅一篇、五十七篇各家并立之例。伪孔书虽非真古文，而廿九篇经文反赖以存，亦或窃取马郑义训。孔颖达《正义》多引古书，为其所取材，亦且不废，以应刘歆'过而存之'之论。缀学之士，既遭经学昌明之代，岂宜是末师而非往古，无从善服义之公心？"①

3. 经世致用，因势革新

致用性是一部著作的灵魂所在。一部著作如果丧失了致用性，那就犹如一潭死水，毫无生机，更莫谈遗留后世，传颂千古！乾嘉学者大都主张学以致用，孙星衍亦是如此：考明典制在于经世，博通经史在于致用。他曾引用他的老师王昶之言，说明典章制度与实用之间的关系："通经之儒，不可不思古人制作之意，诚如吾师之言：'坐而言，不能起而行者，无用之典制，不学也。'"②由此言可以看出，孙星衍是不主张坐而论道的，认为考明典制唯有实用，才符合古人制作之意，才值得学习和研究。于是，他历览群书，详细考证周代的井田制度、天文历法、阴阳数术等，还专门向上级咨请设立伏生博士，都是为了考察古人制作之本意，而这些做法对引导当时学风、审定古代制度等都有重要意义。同时，孙星衍还主张读书闻政须"以兴利除弊为先"③，在其文集中到处可见有关治河道、整吏治、断案狱、议科举等"实用性"的文章。另外，他还曾向

---

① （清）孙星衍：《古文尚书：古文尚书马郑注序》，中华书局1991年版。
② （清）孙星衍：《孙渊如先生全集·平津馆文稿》卷上《复王少寇昶书》，商务印书馆1935年版。
③ （清）孙星衍：《孙渊如先生全集·岱南阁集》卷一《观风试士策问五条》，商务印书馆1935年版。

安徽巡抚致书,建议他利用设志局之便,将顾炎武的《天下郡国利病书》进行修补,以便为世人所用。他在信中这样写道:"顾宁人(指顾炎武)所撰《天下郡国利病书》,是未就之稿,如能增补成书,实为经济要务。为政者按图考究,可以知地方关隘、河渠风俗、都会古今异宜、缓急所先之处,施之有政,厥有旧章。如老前辈于办理志局之便,再为修纂,不独有功于顾氏,亦天下后世不可少之书。"①

学术因时而变。一种学术思想也许会在一定时期内成为主流,甚至形成"思潮",但它不可能成为学术思想领域的"永久霸主"。随着时代的发展,原来占统治地位的思想很可能不再适应现实发展的需要,而欲求致用,必须因势革新。嘉庆元年(1796),孙星衍官山东兖沂曹济道兼摄提刑时,曾射策问士,并认为旧时课士仅以《四书》为题,内容过于限制,也不太实用,需要进行革新,于是他便自拟策问五条:一问儒术,二问经学,三问诸子百家,四问地方古迹,五问河渠畜牧积贮。这样博物善述之士可以各按所长,彰显其能。在纂修方志方面,孙星衍也是不拘成法,勇于革新,他常会根据各地的县属沿革、区域分布、风俗人情等现状特征来设置方志体例。

---

① (清)孙星衍:《孙渊如先生全集·平津馆文稿》卷上《呈安徽初抚部书》,商务印书馆 1935 年版。

第三章 孙星衍与文献编撰

如乾隆四十九年（1784），孙星衍受三水县知县葛德新之聘，主纂《三水县志》。编撰该志时，孙氏设目不依前志，大胆革新，因需设类，将其目划分为县谱、故城、乡镇亭堡寨、山属、水属、城署关桥坊古址、坛庙寺观墓、职官、地丁钱粮、兵防、名人、列女、科贡、图序十四类，可谓简赅有法。

以上所举，是孙星衍撰述类著作编撰的三个比较突出的特点。当然还有其他的一些特点，如他善于批评他人著述之失，并以之为鉴，使自己的撰述免袭其弊。他在《邠州志序》中就曾言道："方志以考据存文献，关中甚称《朝邑志》《武功志》，皆非著述之体，徒以文笔简要为长，予不敢袭其弊也。"[1] 孙星衍还曾针对山西布政使所论汤陵所在地的咨文，进行了认真分析和精细考证，列举"十误"以驳复之。如是之类甚多，见于他的文集和各序跋中。

孙星衍这类著作的编撰也有不足之处，概括起来，主要表现在三个方面：首先，孙星衍过分崇信古说，甚或唯古是从，有时在撰文时只采魏晋以前之言，而不纳唐宋以后之说，这样造成了他选用资料上的不完整，也使自己撰文的说服力降低。其次，孙星衍不信西法，尤其不信地圆之说，甚至还指责梅文

---

[1] （清）孙星衍：《孙渊如先生全集·问字堂集》卷四《邠州志序》，商务印书馆1935年版。

鼎、江声等人研究如何融合中西历算之学的做法，这无疑反映了他编撰思想上保守的一面。此外，孙星衍在撰述时也有疏漏、失察之处，尤其是在编撰《晏子春秋音义》时，考证失实之处颇多，曾遭到后人的严厉批评："星衍昧于古音，所论多有未合，训释之处，亦往往似是而非。"① 但是，瑕不掩瑜，整体而言，孙氏此类著作的编撰是百密一疏，值得后人借鉴、学习和参考。

四　辑佚类著作的编撰特点

辑佚类著作，是指孙星衍从多种图书中辑录已经亡佚图书的条文，并将这些条文按照一定的编排方式重新组织起来，从而形成不完全等同于原著的著作。孙星衍博学善记，常将一些已亡佚图书的只言片语录于纸上，经过多年积累，所录之佚文甚多，然后将它们加以汇集整理，按照一定的编排方式重新组织起来，就构成了一部著作。这类著作虽然不能够恢复本书的原貌，但是作为一份有价值的参考资料，还是极有意义的。孙星衍一生辑佚著作颇多，大约有15种。笔者试图通过阐述孙

---

① 中国科学院图书馆编：《续修四库全书总目提要》第13册，齐鲁书社1996年版，第474页。

氏著作辑佚的步骤和分析辑佚类著作的编撰特点,来考察和总结前人辑佚古书的方式方法,以供今人借鉴、学习和参考。

　　孙星衍辑佚著作的步骤可分为五个。一是明确辑佚对象。首先要遍查各种官私目录,判断所要辑的著作是否真的亡佚,若确定是,辑佚才有必要。同时,还要明晰所辑著作的目的,如孙星衍在辑《神农本草经》时,就认为它有"辅翼完经,启蒙方伎"[1]的作用。只有辑录有用之书,辑佚才有意义。二是分析辑佚来源。根据所辑录著作的内容特点和性质,来判断佚文可能存在的文献范围。孙星衍对辑佚来源的要求是尽可能地扩展查阅文献的范围,这样可以检录出更多的佚文。三是搜集辑佚所用的资料。在确定查阅文献的范围以后,要对这些文献进行普查和搜集,尽可能地收罗这些文献的各种版本,通过甄别鉴定,选择一个比较好的本子,作为辑录条文的依据。四是辑录条文。认真通阅所搜集到的各种文献,采用"随见随录"的方法,尽量将书中的佚文辑录齐全。五是编排所辑录的条文。在检录了大量条文以后,要将这些条文进行合理的汇集,并按照一定的编排方式加以组织。有原书编排方式的,则按原来的编排方式进行。

　　可惜的是,在孙星衍所辑的各种著作中,均没有可以参考的原书编排方式,只能通过重新组织编排。尽管如此,孙星衍

---

[1]　(清)孙星衍:《神农本草经:校定神农本草经序》,中华书局1985年版。

在具体的组织编排过程中，仍以尽可能地恢复原书的原貌为目标，对所辑录的条文进行合理的归类组织。为此，他经常会咨询一些学界名流，如在编排《孔子集语》条文时，孙星衍就询问了严可均、顾广圻等学者，经过几番商讨之后，最后确定仿刘向《说苑》体裁，以类相从，各为篇目，按照内容主体，将所辑录条文分为十四篇，即勤学第一，孝本第二，五性第三，六艺第四，主德第五，臣术第六，交道第七，论人第八，论政第九，博物第十，事谱第十一，杂事第十二，遗谶第十三，寓言第十四。其中，六艺、事谱、寓言三部分因卷帙过大，又各分成了上、下两卷，故以十四篇为十七卷。

图 3-7 《孔子集语》光绪三年刻本书影一

图 3-8 《孔子集语》光绪三年刻本书影二

第三章 孙星衍与文献编撰

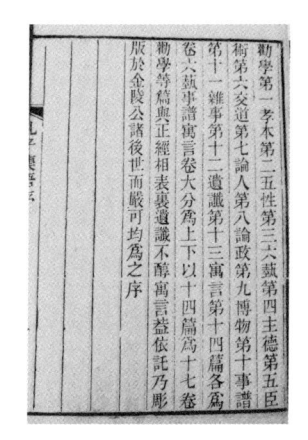

图3-9 《孔子集语》光绪三年刻本书影三

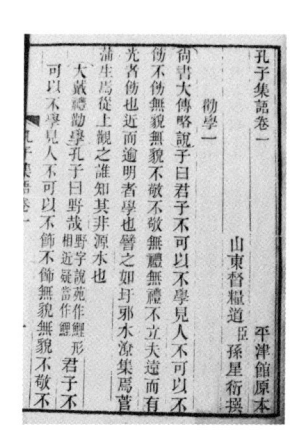

图3-10 《孔子集语》光绪三年刻本书影四

孙星衍辑佚类著作的编撰特点,概括起来,主要包括以下几个方面。

1. 辑文取材丰富,详细注明来源

孙星衍辑文时,主张先参阅尽可能多的文献资料,这使得他的辑文取材十分丰富。概括而言,其取材主要包括七类文献:一是唐宋类书,如《初学记》《艺文类聚》《白氏六贴》《太平御览》《北堂书钞》等。二是字书,如《说文解字》《尔雅》《方言》《广雅》等。三是史书及其补注,如《史记》《汉书》《后汉书》《三国志》等二十二史及其补注。四是政

— 71 —

书，如《唐六典》《通典》《通志》《文献通考》《唐会要》等。五是地理类著作，如《三辅黄图》《水经注》《元和郡县图志》《太平寰宇记》等。六是五经、诸子著述，如《尚书》《荀子》《列子》《淮南子》《庄子》《韩非子》等。七是杂文诗赋及其注，如《文选》《东京赋》等。此外，孙星衍凡是辑文，必详细注明出处来源。如《孔子集语》辑文的来源有50余种，翻阅该书，所录辑文均详细注明出处来源，正如严可均所言，"群经传注、秘纬、诸史、诸子，以及唐宋人类书，巨篇只句，毕登无所去取，皆明言出处篇卷"①。

2. 辑佚与校勘、辨伪相结合

孙星衍在辑录佚文的同时，还会对所辑之文进行校勘和辨伪，以免使讹文、伪文等掺入文中。孙星衍博学多识，对所引之文的版本情况十分熟悉，知道各种版本的优劣，这使得他在辑文时可以选择比较好的本子，使辑文尽可能地得其真、获其实。如在辑《汉旧仪》时，当时世上就流传着明南监本、《永乐大典》本、聚珍板本等多种版本，孙星衍经过比较甄别后，"以聚珍板二卷本为定，依宏本传，作《汉旧仪》，以诸书所引校证于下"②。孙氏校勘精审，方法多样，以对校法、他校

---

① （清）严可均：《孔子集语·孙氏孔子集语序》，中华书局1991年版。
② （清）孙星衍：《汉旧仪·序目》，中华书局1990年版。

法为主，而对辑文有异议或尚需解释说明的，则以按语注之。同时，他还十分注重辨伪，常常对辑文进行认真考证和仔细推敲，将真伪之文区分开来。如辑《神农本草经》时，清代学者邵晋涵就曾在该书的序文中言道，孙星衍曾"据《太平御览》引经云'生山谷，生川泽'者，定为本文，其有豫章、朱崖、常山、奉高郡县名者，定为后人羼入"①。张之洞曾有言："一分真伪，而古书去其半。"② 孙星衍为了减少辑文中的谬伪，还时常请名家帮忙审校。

3. 所辑多是魏晋以前的著作

据前面的表3-1可知，孙星衍辑佚的著作共有14种，其中魏晋以前的就有11种。另外，孙氏在辑佚时遵守"尊实"的原则，对不能确定是否为所辑著作的佚文，亦存入辑著中，不随意改动，存疑于世，以便后人稽查和核实。如他在《汉官仪·叙录》中言："诸书引有作应劭《汉官》、应劭《汉官仪》，亦有彼此互舛，不可分别，今并录为二卷。"③ 也就是说，应劭所撰的《汉官》《汉官仪》虽题名不同，但孙星衍疑为一书，而他又不敢完全确定，于是将引用两书之文均入辑著

---

① （清）邵晋涵：《神农本草经·序》，中华书局1985年版。
② （清）张之洞：《輶轩语》，录自叶树声、许有才《清代文献学简论》，安徽大学出版社2004年版，第98页。
③ （清）孙星衍：《汉官仪·叙录》，中华书局1990年版。

之中，使两者之文并存，并以按语分别之，以存其实。孙星衍在辑录佚文时，还尽量避免雷同，对已成辑著或常见之文不再录入自己的辑著中。如他在辑《孔子集语》之文时，就有一定的收录标准："《易·十翼》《礼·小戴记》《春秋左氏传》《孝经》《论语》《孟子》，举世诵习，不载；《家语》《孔丛子》，有成书专行，不载；《史记·孔子世家》《弟子传》，易检，亦不载。其余群经传注、秘纬、诸史、诸子，以及唐宋人类书，巨篇只句，毕登无所去取。"①

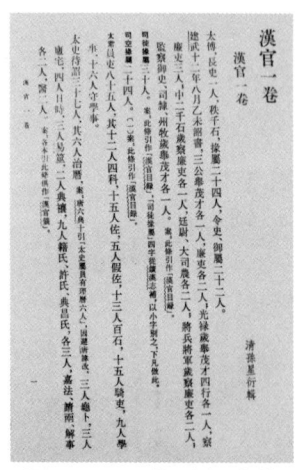

图 3-11 《汉官》中华书局本书影

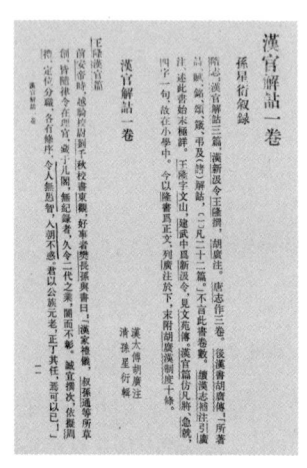

图 3-12 《汉官解诂》中华书局本书影

---

① （清）严可均：《孔子集语·孙氏孔子集语序》，中华书局1991年版。

第三章 孙星衍与文献编撰

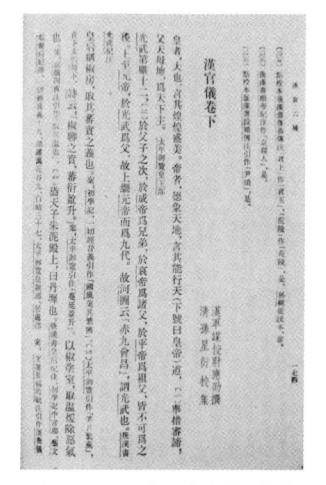

图3-13 《汉官仪》中华书局本书影

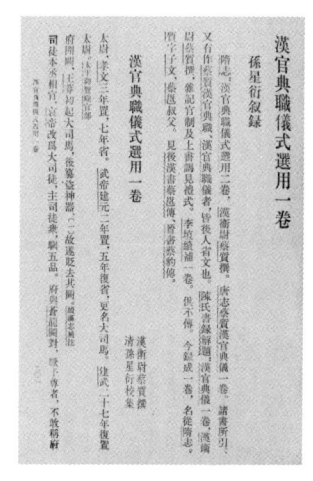

图3-14 《汉官典职仪式选用》中华书局本书影

孙星衍所辑之著虽然大多"搜讨钩稽，至为精密"①，但是也有失漏之处。如清末学者陈其荣就对孙辑本《仓颉篇》评价曰："阳湖孙氏（指孙星衍）搜讨遗文，采集成编，洵为是书功臣，顾其间漏尚多，且标注正文不无舛误。"② 有鉴于此，陈氏遍采群书，征引《毛诗》《尔雅》《孝经》《玉篇》《文选注》《颜氏家训》《齐民要术》《玉烛宝典》《艺文类聚》

---

① 中国科学院图书馆编：《续修四库全书总目提要》第34册，齐鲁书社1996年版，第322页。
② （清）陈其荣：《仓颉篇·序》，清光绪十八年（1892）徐氏观自得斋刻本。

《华严经音义》《宏明集音义》《达磨顺正理论音义》《辩正论音义》《平等觉经音义》《开元释教录音义》《虚空孕经音义》《大宝积经音义》《高僧传音义》《品类足论音义》《金刚经音义》、二十二史及其注疏等 50 余种文献，其中有些文献是孙星衍辑文时从未使用过的，陈氏据此补正了孙辑本很多的漏误。又如今人贺次君先生对孙辑本《括地志》进行了周密的考证，也指出了其中存在的问题："首先，他（指孙星衍）没有认识到《序略》是《括地志》的总纲，三百五十八州是按十道排比，都督府也是常州，与下列各州不皆有隶属的关系，岑仲勉在《括地志序略新诠》里给他指出了。其次，《括地志》遗文绝大部分辑自张守节《史记正义》，而《正义》引用《括地志》是从需要出发，有删节不当或过于省略的情况，甚至在引《括地志》文中夹引他书，与自己的按语牵连在一起，必须仔细分别。再者，今本《史记正义》由于长期的传写翻刻，错脱伪衍触目皆是，必须认真校正。而孙辑本对于上述问题往往将错就错，这就增加了读者的难度。"[1] 贺氏的分析非常仔细，也颇为中肯，因此笔者不吝笔墨，完整地将其引述下来，以供读者参考。

---

[1] 贺次君：《括地志辑校·前言》，中华书局 1980 年版，第 3 页。

第三章　孙星衍与文献编撰

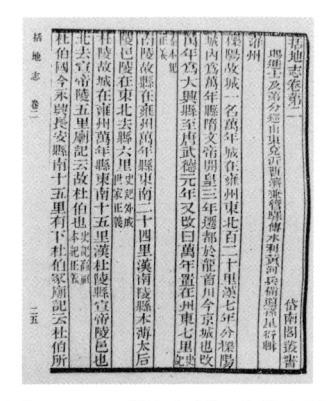

图 3-15　《括地志》中华书局本书影一

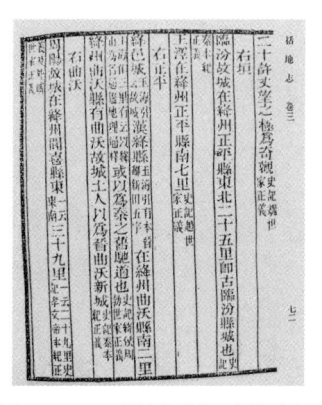

图 3-16　《括地志》中华书局本书影二

图 3-17　《神农本草经》中华书局本书影一

图 3-18　《神农本草经》中华书局本书影二

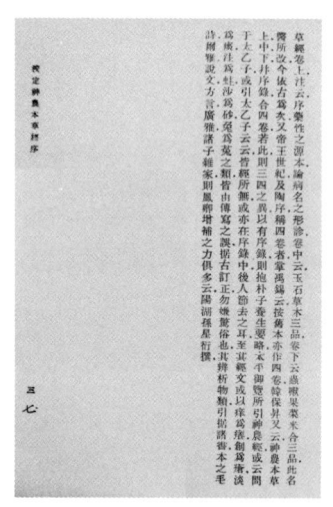

图 3-19 《神农本草经》
中华书局本书影三

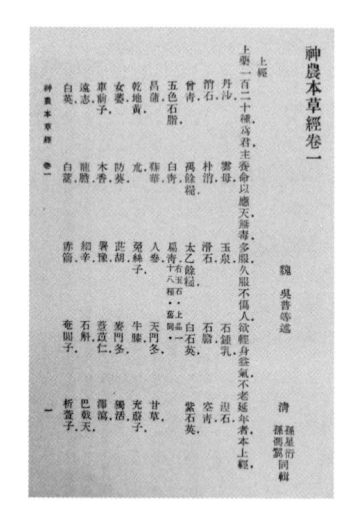

图 3-20 《神农本草经》
中华书局本书影四

此外，孙星衍辑文还有泥古囿经之弊，如他在辑录《神农本草经》时，就多用经史字书，很少采录历代《本草》之文，尤其是不采录明代诸如《本草纲目》之类的医书，而所用资料也多取隋唐之前而舍弃宋元之后的文献，这不仅降低了所辑著作的质量，还降低了它的临床实用价值。

第四章　孙星衍与文献校勘

书籍在制作、传抄、翻刻、重印的过程中，经常会出现错、倒、衍、脱等情况，"文件（这里主要指书籍）越古，传写的次数越多，错误的机会也就越多"[1]。为了防止以讹传讹，流传原文或接近于原始之文，字求其正，句得其顺，就必须对书籍进行校勘。清末学者叶德辉曾言："书不校勘，不如不读。"[2] 实际上，我国自正考父校文开始，历代校书现象不绝，待到清代乾嘉时期，校书活动更是十分繁盛，几乎遍布全国，其校书数量之多、校书范围之广、校书质量之高、校书名家之众、校书论著之富，是以往任何时期都无法比拟的。清代学者孙诒让曾总体评价道："近代巨儒，修学好古，校刊旧籍，率有记述，而王怀祖观察及子伯申尚书、

---

[1] 胡适：《元典章校补释例·序》，中华书局2004年版。
[2] （清）叶德辉：《藏书十约·校勘七》，长沙叶氏观古堂刻本。

卢绍弓学士、孙渊如观察、顾涧萍文学、洪筠轩州倅、严铁桥文学、顾尚之明经，及年丈俞荫莆编修，所论著尤众。风尚大昌，覃及异域，若安井衡、蒲阪圆所笺校，虽疏浅亦资考证。综论厥善，大氐以旧刊精校为据依，而究其微旨，通其大例，精研博考，不参成见。其正文字伪舛，或求之于本书，或旁证之他籍，及援引之类书，而以声类通转为之錧键，故能发疑正读，奄若合符……其稽核异同，启发隐滞，咸足饷遗来学，沾溉不穷。"① 可见，孙星衍是清代乾嘉时期著名的校勘学家之一。他在文献校勘方面的成就和思想，值得我们今人学习和总结。

一　校书列表

孙星衍擅长考证，精于校勘，凡是自己所汇编、撰辑之书，无不过目校勘。孙氏一生校书数量众多，所校之书除了自己汇编、撰辑之书外，尚有近 50 种。现将其列举如下，具体见表 4-1。

---

① （清）孙诒让：《札迻·自序》，中华书局 1989 年版。

第四章　孙星衍与文献校勘

表 4-1　　　　孙星衍校书一览

类目	书名	卷数	编撰者	校勘者	校勘时间
经部	周易口诀义	6 卷	（唐）史征撰	孙星衍自校	嘉庆三年
	夏小正传	2 卷	佚名撰	孙星衍自校	嘉庆三年
	说文解字	15 卷	（汉）许慎撰	孙星衍与顾广圻合校	嘉庆九年
	尚书考异	6 卷	（明）梅鷟撰	孙星衍与顾广圻、钮树玉合校	嘉庆十九年
史部	关中胜迹图志	30 卷	（清）毕沅撰	孙星衍与严长明、钱坫合校	乾隆四十五年
	山海经注	18 卷	佚名撰，（晋）郭璞注	孙星衍与钱坫合校	乾隆四十六年
	长安志	20 卷	（宋）宋敏求撰	孙星衍自校	乾隆四十八年
	三辅黄图	1 卷	佚名撰	孙星衍与庄逵吉合校	乾隆五十年
	元和郡县图志	40 卷	（唐）李吉甫撰	孙星衍与毕以田、钱镛合校	嘉庆元年
	景定建康志	50 卷	（宋）马光祖修，周应合纂	孙星衍与张绍南、孙冯翼等合校	嘉庆六年
	春秋释例	15 卷	（晋）杜预撰	孙星衍自校	嘉庆七年以前，具体时间不详

续表

类目	书名	卷数	编撰者	校勘者	校勘时间
史部	汉纪	30卷	（汉）荀悦撰	孙星衍自校	嘉庆八年
	唐律疏议	30卷	（唐）长孙无忌编撰	孙星衍与顾广圻合校	嘉庆十二年
	宋提刑洗冤录	5卷	（宋）宋慈撰	孙星衍与顾广圻合校	嘉庆十二年
	华阳国志	12卷	（晋）常璩撰	孙星衍与顾广圻合校	嘉庆十六年以后，具体时间不详
	渚宫旧事	5卷	（唐）余知古撰	孙星衍自校	嘉庆十九年
	云间县志	3卷	（宋）杨潜修，（宋）朱端常纂	孙星衍与顾广圻合校	嘉庆十九年
	古今姓氏书辩证	40卷	（宋）邓名世撰	孙星衍与洪梧合校	不详
子部	一切经音义	25卷	（唐）释玄应撰	孙星衍与庄炘、钱坫合校	乾隆四十九年
	华严经音义	2卷	（唐）释慧苑撰	孙星衍自校	乾隆四十九年
	晏子春秋	7卷	（战国）晏婴撰	孙星衍自校	乾隆五十三年

第四章 孙星衍与文献校勘

续表

类目	书名	卷数	编撰者	校勘者	校勘时间
子部	孙子十家注	13卷	（战国）孙武撰，（宋）吉天保集	孙星衍与吴人骥合校	嘉庆三年
	急就章考异	1卷	（汉）史游撰	孙星衍自校	嘉庆三年
	六韬	6卷	（周）姜尚*撰	孙星衍与孙志祖合校	嘉庆五年
	太白阴经	10卷	（唐）李筌撰	孙星衍自校	嘉庆五年
	司马法	3卷	（战国）司马穰苴*撰	孙星衍与顾广圻合校	嘉庆五年
	商子	5卷	（战国）商鞅*撰	孙星衍与孙冯翼合校	嘉庆八年
	尸子	2卷	（战国）尸佼撰	孙星衍自校	嘉庆十一年
	牟子	1卷	（汉）牟融撰	孙星衍自校	嘉庆十一年
	黄帝龙首经	2卷	佚名撰	孙星衍自校	嘉庆十二年
	黄帝金匮玉衡经	1卷	佚名撰	孙星衍自校	嘉庆十二年
	黄帝授三子玄女经	1卷	佚名撰	孙星衍自校	嘉庆十二年

续表

类目	书名	卷数	编撰者	校勘者	校勘时间
子部	千金宝要	17卷	（唐）孙思邈撰，（宋）郭思选辑	孙星衍自校	嘉庆十二年
	轩辕黄帝传	1卷	佚名撰	孙星衍与顾广圻合校	嘉庆十二年
	广黄帝本行记	1卷	（唐）王瓘撰	孙星衍与顾广圻合校	嘉庆十二年
	华氏中藏经	3卷	（汉）华佗*撰	孙星衍自校	嘉庆十三年
	管子	不分卷	（战国）管仲*撰	孙星衍与臧镛、洪莹合校	嘉庆十五年
	抱朴子内篇	20卷	（晋）葛洪撰	孙星衍与顾广圻、方维甸合校	嘉庆十八年
	抱朴子外篇	50卷	（晋）葛洪撰	孙星衍与顾广圻、方维甸合校	不详
	笑道论	3卷	（北周）甄鸾撰	孙星衍自校	不详
	五变中黄经	1卷	佚名撰	孙星衍自校	不详
	燕丹子	3卷	（周）燕丹撰	孙星衍自校	不详
	吴子	1卷	（战国）吴起撰	孙星衍自校	不详
	文子	12卷	（战国）文子*撰	孙星衍自校	不详
	新序	10卷	（汉）刘向撰	孙星衍自校	不详

续表

类目	书名	卷数	编撰者	校勘者	校勘时间
集部	王无功集	5卷	（唐）王绩撰	孙星衍自校	嘉庆十二年
	琴操	3卷	（汉）蔡邕撰	孙星衍自校	嘉庆十二年
	全唐文	1000卷	（清）董诰等辑	孙星衍自校	嘉庆十九年

关于此表，需要说明以下几点。

（1）所校著作先按经、史、子、集四大类排列，再按校勘时间先后排列。

（2）编撰者均标明其所属的时代。若编撰者尚有争议的，在其姓名后加标"＊"。若编撰者尚不详者，则注"佚名撰"。

（3）孙星衍自己独立完成校勘的，则注"孙星衍自校"；与他人合校者，则注"孙星衍与××合校"。至于孙星衍嘱托他人校勘的著作，如嘱顾广圻校勘隋李播《天文大象赋》、元陶宗仪《古刻丛钞》，嘱洪颐煊校勘《竹书纪年》，嘱孙冯翼校勘《神农本草经》等，不列入此表。

（4）校勘时间非一年完成者，仅标明校勘的完成时间。校勘时间不确定或无从查证者，则标注"不详"字样。

（5）孙星衍汇编、撰辑之作，尽管都经过了校勘，但由于前面已有列出，为了避免重复，这里不再列入此表。

（6）本表主要依据《孙渊如先生年谱》《孙渊如全集》《孙渊如外集》以及清代各种官私目录，来检录孙星衍校勘的著作，并通过查阅这些著作，来确定其卷数、编撰者以及孙氏校勘完成的时间等内容。但是，限于资料上的不足，有待做进一步的增补。

二　校勘方法

关于校勘方法，清末学者叶德辉曾归分为两类，一曰死校，一曰活校。具体而言，"死校者，据此本以校彼本，一行几字，钩乙如其书；一点一画，照录而不改，虽有误字，必存原文。顾千里广圻、黄荛圃丕烈所刻之书是也。活校者，以群书所引，改其误字，补其阙文；又或错举他刻，择善而从，别为丛书，版归一式。卢抱经文弨、孙渊如星衍所刻之书是也"[①]。从此文描述中可以看出，孙星衍作为使用校勘方法之"活校法"的典型，被叶德辉所称道。但是，叶氏对他的归类并不符合事实。孙星衍校勘图书的方法绝不仅限于活校法，在

[①]（清）叶德辉：《藏书十约·校勘七》，长沙叶氏观古堂刻本。

很多情况下他也会采用死校法。现今笔者根据孙星衍校勘图书的方法及其特点，不采用叶氏校勘方法之分类，而采用当代校勘学家陈垣先生有关校勘方法的分类，将其校勘方法分为对校法、他校法、本校法和理校法四种，现分别阐述于下。

1. 对校法

对校法是校勘者最常使用亦是最基本的一种校勘方法。它是"以同书之祖本或别本对读，遇不同之处，则注于旁。刘向《别录》所谓'一人持本，一人读书，若冤家相对者'，即此法也。此法最简便、最稳定，纯属机械法。其主旨在校异同，不校是非，故其短处在不负责任，虽祖本或别本有讹，亦照式录之；而其长处则在不参己见，得此校本，可知祖本或别本之本来面目。故凡校一书，必须先用对校法，然后再用其它校法"①。孙星衍善用此法，凡是遇到一书多本的，他定会对各种版本进行对比和鉴别，以确定某本是比较好的本子，然后以此本作为底本，其他本子作为对校本，来进行校对。如校勘《夏小正传》时，当时社会上就流传着傅嵩卿本、关浍本、沈泰校本、王应麟《玉海》本、庄述祖校本等多种版本，孙星衍在经过认真比较分析后，品评道："傅本加时于月，离传于经，则将增其文；沈本以经系传，又多脱字；关浍本往往错

---

① 陈垣：《校勘学释例》，中华书局2004年版，第129页。

简；王应麟《玉海》所载经文，亦有脱误；其他若朱文公《仪礼集传》（指朱熹《仪礼经传通解》）本、金履祥《通鉴前编》本，皆在传本（指《通志堂经解》本）、韩本（指宋韩元吉刊本）之后，亦无殊异。近世有《五礼通考》，卢氏见曾、毕氏沅刊本，而庄大令述祖于此学尤深，为《夏小正说义》及《音义》以示予……尤服其精当……因合诸家异文，校刊此本，升经抵格，以传低行，不增不漏，参求其是，以贻学者焉。"① 可见，孙星衍校勘此书，采用了以庄述祖校本作为底本，其他本子作为对校本的方式。当然，孙氏如此做法并不是空穴来风、随意乱定的，而是经过他认真细致的考订后决定的，我们亦可从中看出孙星衍校勘态度之谨严。当然，孙星衍运用此法校勘文献的例子还有很多，如校勘《急就章》时，孙星衍就采用了以绍圣摹勒皇象本作为底本，以梁国治临本、颜师古注本、黄鲁直本、李仁甫本、朱文公刊本等多种本子作为参校本的对校方式；又如校正《抱朴子·内篇》时，孙星衍对明卢舜治本、汉魏丛书本、天一阁钞本、道藏本、叶林宗家钞本、明嘉靖时沈藩刊本等进行了认真的品评鉴别，择善而从，最后采用了以道藏本作为底本，以其他本子作为参照本的

---

① （清）孙星衍：《夏小正传·序》，中华书局1985年版。

对校方式进行校勘,"厘其错简,改其误字,而此书始可省读"①。

2. 他校法

他校法也是校勘者较为常用的一种校勘方法。它是"以他书校本书。凡其书有采自前人者,可以前人之书校之;有为后人所引用者,可以后人之书校之;其史料有为同时之书所并载者,可以同时之书校之。此等校法,范围较广,用力较劳,而有时非此不能证明其讹误"②。孙星衍博闻好学,广涉群书,几乎所校无不使用此法。而他所校之书又多为古书,使用此法时大多引用前人之书,尤其是唐宋类书,因为类书具有存录古书的重要功用:"古籍散亡,十不存一,遗文旧事,往往托以得存。《艺文类聚》《初学记》《太平御览》诸编,残玑断璧,至捃拾不穷,要不可谓无补也。"③ 如《孙子十家注》就引用了《太平御览》《北堂书钞》《白氏六贴》等唐宋类书,当然还有其他类型的图书,如《通典》《文献通考》等。而校勘《三辅黄图》时,孙星衍就在多处使用了他校法,引用《太平御览》《初学记》《艺文类聚》《玉海》《皇览》《太平寰宇记》

---

① (清)孙星衍撰,王重民辑:《孙渊如外集》卷三《新校正抱朴子内篇序》,民国二十一年(1932)铅印本。
② 陈垣:《校勘学释例》,中华书局2004年版,第131页。
③ (清)永瑢等:《四库全书总目》卷一三五"子部类书类",中华书局1965年版,第1141页。

《长安志》《史记》《汉书》等引用该书之文进行校对，纠正了书中许多的漏误。但是，使用他校法时需要特别慎重，只有在充分占有资料的基础上，才能进行综合分析校勘。也只有这样，才能做出比较正确的判断，因为这些文献在引用所校之书的文句时有的是直接引录全文，而有的是节取其意，并非与原文完全相同。若是后者，则以此来校勘所校之书的文句是相当危险的，很可能导致"以不误为误"的后果。如孙星衍在校勘《孙子十家注》时，对《行军第九》中的文句"令素行以教其民，则民服；令不素行以教其民，则民不服。令素行者，与众相得也"①，依据《通典》《太平御览》之文进行校勘，认为"令素行者"应当作"令素信著者"。后来孙诒让对此文句重加校订，综合运用了对校、本校、他校等多种校勘方法，以考证其实，得出了文中三处使用的"素行"实为"素信"之误的结论。因此，在使用他校法时要极为慎重，要对他书引用之文做出具体辨析和精细考证之后，才能得出比较合理的结论，切勿盲信而采。

3. 本校法

本校法是校勘者不常使用的一种校勘方法。它是"以本书前后互证，而抉摘其异同，则知其中之谬误。吴缜之《新

---

① （春秋）孙武：《孙子》，商务印书馆1937年版，第15页。

第四章 孙星衍与文献校勘

唐书纠谬》、汪辉祖之《元史本证》即用此法。此法于未得祖本或别本以前，最宜用之"[1]。孙星衍很少使用此法。只有在确定没有其他资料证实的情况下，才对文句采用本校法，以前后文句是否矛盾来判断其正误。但是，这种做法是比较危险的，很可能造成"篡改原文"的错误，因为"若一书不是出于一人之手，或史料来源各不相同，本难免出现文义、史实彼此矛盾，句式用词五花八门的现象，因此使用本校法必须格外谨慎，处处强求一律，只会削足适履，以不误为误"[2]。

4. 理校法

理校法是校勘者最不常用的一种校勘方法。"段玉裁曰：'校书之难，非照本改字不讹不漏之难，定是非之难。'所谓理校法也。遇无古书可据，或数本互异，而无所适从之时，则须用此法。此法需通识为之，否则卤莽灭裂，以不误为误，而纠纷愈甚矣。故最高妙者此法，最危险者亦此法。"[3] 此法是在缺乏材料而"无所适从"的情况下才使用的一种校勘方法，因为它没有直接的证据，所以所得出的结论多带有假设的成分，具有不确定性，只能作为"不得已而为之"的

---

[1] 陈垣：《校勘学释例》，中华书局2004年版，第130页。
[2] 熊笃、许廷桂：《中国古典文献学》，重庆出版社2000年版，第228页。
[3] 陈垣：《校勘学释例》，中华书局2004年版，第133页。

权宜之策。孙星衍虽是博学通识之士，亦极少运用此法，这也反映了当时学者校勘图书的一种心态：校勘图书，极需慎重，切勿造成"校书而书讹，补书而书衍"的后果。毕竟，校书是一项很难很精细的工作，稍不留神，就会在校书时增添更多的错误。宋代学者沈括曾言："宋宣献（指宋绶）博学，喜藏异书，皆手自校雠。常谓'校书如扫尘，一面扫，一面生。故有一书每三四校，犹有脱谬'。"① 清代学者孙诒让沿用其说，并简化为"校书如扫尘，旋扫旋生"。孙星衍使用此法校书时十分慎重，如对《孙子十家注》卷一中的文句"佚而劳之"的校勘语："《御览》（指《太平御览》）作'引而劳之，亲而离之'，下又有'佚而劳之'四字。按本文诱与取为韵，备与避为韵，挠、骄与劳为韵，不应于'亲而离之'下重复出也。"② 可见，此处文句是根据字韵进行校勘的。孙星衍精于文字音韵之学，若非有此学造诣，是很难运用此法来校勘的。

此外，孙星衍在具体校勘图书时，不仅限用一法，有时会综合运用多种方法。如孙星衍对《孙子十家注》卷一中的文句"道者，令民与上同意也"的校勘语："'令民'二字，

---

① （宋）沈括：《梦溪笔谈》卷二五，远方出版社2004年版，第160页。
② （春秋）孙武撰，（三国魏）曹操等注：《孙子十家注》，商务印书馆1937年版，第21页。

原本脱，今据《通典》《北堂书钞》《太平御览》补，又按下文'主孰有道'，张预注云：'所谓令民与上同意之道也。'"[1] 可见，此处文句的校勘，孙星衍就综合运用了他校法和本校法两种方法。若以一本书的校勘而论，综合运用多种方法更是屡见不鲜，如孙星衍在校勘《三辅黄图》时，先是认真甄别了旧本与今本之优劣，然后决定采用以旧本作为底本、以今本作为参校本的对校法进行校勘，再通过引据《皇览》《太平御览》《艺文类聚》《初学记》《太平寰宇记》《水经注》《史记》《汉书》《后汉书》《续汉书》《文选》《雍录》《玉海》《长安志》《两京赋》及其相关的注释等近30种文献来校勘书中的文句，同时还依据前后文句是否自相矛盾来进行校勘，如此就综合采用了本校法、他校法、自校法三种校勘方法。

三 校勘特点

1. 定则统一，疑则并存

清代乾嘉时期，江南校勘名家可分为吴、皖两派。吴派在

---

[1] （春秋）孙武撰，（三国魏）曹操等注：《孙子十家注》，商务印书馆1937年版，第4页。

校勘过程中常常"求其真",在研究中强调最古的经典注疏,并且认为只有最古的经典才可以存真,因此他们所做的工作就是将最早的关于经典的注疏加以整理;而皖派在校勘过程中常常"求其是",期求在各种阐释中寻得一个最好的解释,或者通过反复校勘,能对某书同处之文得出一个比较统一的结论,因此他们所做的工作是对大量的证据材料进行认真周密的比较鉴别,从而能得出一个比较合理的解释或结论。通过比较分析,这两派的校勘思想各有利弊:吴派强调追古崇古,而在能定其误时,不能给世人以正确的结论;皖派则强调事事要有一个最佳解释或统一结论,而在不能确定其正确性时,往往靠推测来获得,这样会给世人带来一些迷惑甚至误导。

孙星衍在校勘实践过程中,始终坚持实事求是的校勘原则,通过反复校订,能确定其文正确性者,则定之;不能确定其文正确性者,则将各家之文并存。如此这般,孙星衍就汇聚了吴、皖两派校勘思想之所长,将"求其真"和"求其是"很好地结合起来,使校勘之文可以存信于世。如校勘《孙子十家注》时,孙星衍就将十家之注文分别列于正文之后,而将自己的见解以小字编排的方式附于注文之后,以示各部分内容的区别,能确定正文或他书之引文有误者,则以"按语"的方式说明之。如卷一中的文句"天者,阴阳寒暑时制也",孙星衍就以小字的方式编排其校勘语曰:"《通典》'制'上有

'节'字，误。"① 又如孙星衍在校勘《夏小正传》时，将经过校勘后能确定为正确之文的，直接写入正文；对于他本之文与所校之文相异而又无法确定孰是孰非的，则以小字编排的方式注之，并存各说，以待世人继续考证。如卷上中的文句"初岁祭耒始用畅"，孙星衍就以小字的方式注曰："关本（指关浍本）作'垌'（畅、垌读音相近，繁体字形亦相近），集贤本及沈本（指沈泰校本）作'始用畅也'，疑为传文，傅本（指傅嵩卿本）、《玉海》经文俱有之，无'也'字。"②

2. 引证广泛，说服力强

为了更好地达到校勘的目的，使所校的结果具有说服力，校勘学家十分重视各种材料的搜讨和汇集，以便旁征博引，尽可能地避免使用孤证。孙星衍在校勘实践过程中，但凡对考证有用的材料，诸如古注旧疏、字书韵书、史地方志、政书类书、金石碑碣等都收罗无遗。正如清代学者王鸣盛在考证典制事迹时所言："搜罗偏霸杂史、稗官野乘、山经地志、谱牒簿录，以暨诸子百家、小说笔记、诗文别集、释老异教，旁及于钟鼎尊彝之款识、山林冢墓、祠庙伽蓝、碑碣断阙之文，尽取以供佐证，参伍错综，比物连类，以互相检照，所谓考其典制

---

① （春秋）孙武撰，（三国魏）曹操等注：《孙子十家注》，商务印书馆1937年版，第5页。
② （清）孙星衍：《夏小正传校正》，中华书局1985年版，第2页。

事迹之实也。"① 如孙星衍在校勘《渚宫旧事》时，所征引的文献就有《说文》《吕览》《吴越春秋》《春秋左氏传》《春秋公羊传》《史记》《史记集解》《汉书》《后汉书》《三国志》《晋书》《说苑》《新序》《国语》《列女传》《琴操》《吕氏春秋》《战国策》《荀子》《淮南子》《韩非子》《列子》《墨子》《说郛》《韩诗外传》《荆南志》《荆州志》《襄阳耆旧传》《古文苑》《困学纪闻》《世说新语》《搜神记》《搜神后记》《皇览》《艺文类聚》《太平御览》《太平广记》《北堂书钞》等40余种，并且还参引了这些文献的不同版本，如引用《新序》时，有程荣本和今本之分；引用《墨子》时，有旧本和今本之分；等等。又如校勘《晏子春秋》时，引证也颇为广泛，"先据明沈启南、吴怀保两本，校定《晏子春秋》，复合《韩诗外传》《说苑》《新序》，及《艺文类聚》《文选注》《太平御览》诸书，推求审正"②。另外，孙星衍还善于借鉴近人学说，如校勘《尚书马郑注》时，就引用了惠栋、王鸣盛、江声、段玉裁、王念孙、庄述祖等人之言，集其长，去其短，以求从尽可能多的材料中获取相关信息，更好地完成校勘工作。

---

① （清）王鸣盛：《十七史商榷·序》，商务印书馆1937年版。
② 中国科学院图书馆编：《续修四库全书总目提要》第13册，齐鲁书社1996年版，第474页。

3. 方法多样，态度谨严

孙星衍校勘图书时，不拘一法，对校法、他校法、本校法、理校法在使用时因材料而异，有时择取一法，有时多法并用。这在前面已有所论，在此不再赘述。孙星衍在校勘过程中，除了使用四种校勘方法外，还经常会向学坛前辈咨询，与他们讨论所要校勘之文，尽量取得一致的意见。若观点相左，则各找论据材料，相互对证，使所要校勘之文恢复本来的面目；若最后还是无法取得一致的意见，就各注其校文，以待后人重加鉴别，这样可以做到"不诬于世"。

校勘方法固然重要，但是如果没有谨严的校勘态度，是做不好校勘工作的。北齐学者颜之推曾云："校勘书籍，亦何容易！自扬雄、刘向，方称此职耳。观天下书未遍，不得妄下雌黄。或彼以为非，此以为是；或本同末异；或两文皆欠，不可偏信一隅也。"[1] 这是古代学者对待校勘的一种认真审慎的态度。孙星衍善用对校法，以"不校校之"的校勘原则，就是他校勘审慎的表现。即使在使用他校法、本校法、理校法时，孙星衍也是慎之又慎的，严格防止"以讹传讹，以不误为误"现象的发生。清代学者段玉裁曾云："校书必毋凿、毋泥、毋

---

[1] （北齐）颜之推：《颜氏家训·勉学第八》，岳麓书社1999年版，第117页。

任己、毋任人而顺其理。"① 孙星衍继承了前贤和同时期学者的校勘原则和校勘态度，对自己的校勘工作极为审慎。如他在校勘《古文尚书马郑注》时，所采取的步骤是：一是收集图书的各种版本，通过认真鉴别，选择一个比较好的本子，来作为校勘的底本。二是征引多种图书，来校勘该书之文，并采集各家之说，取其长，去其短。三是向学坛前辈王念孙咨询，并与章宗源、张太鸑讨论，以获取更多的相关材料或证据。四是信而有征者，定其文；存有阙疑者，并录各家之说。

此外，孙星衍精研小学，善解六书，曾根据文字音韵的发展演变来校订不同时期的图书，正如《续修四库全书总目提要》中描述《急就章考异》的重要性时所言，"后世字体与小学，屡变而失其初，章草则字字区别，一变为今草，再变为怀素、张旭书，而上下牵连矣。《仓颉》《急就》《说文》，古字假借转声，已周于事，一变为《字林》《玉篇》，而偏旁益滋，近鄙别字，且行于经典矣"②。但是，在具体的校订过程中，孙星衍如果不能完全确定其文有误，是绝不会妄加改动的，最多也只是以小字编排的形式注解说明，同时校勘名家王引之在论及以小学校勘经文时，就曾明确地指出校与不校的标准：

---

① （清）段玉裁：《经韵楼集》卷八《经义杂记序》，《经韵楼丛书》本。
② 中国科学院图书馆编：《续修四库全书总目提要》第2册，齐鲁书社1996年版，第155页。

"吾用小学校经，有所改，有所不改。周以降，书体六七变，写官主之，写官误，吾则勇改；孟蜀以降，椠工主之，椠工误，吾则勇改；唐、宋、明之士，或不知声音文字而改经，以不误为误，是妄改也，吾则勇改其所改。若夫周之没，汉之初，经师无竹帛，异字博矣，吾不能择一以定，吾不改；假借之法，由来旧矣，其本字十八可求，十二不可求，必求本字以改假借字，则考文之圣之任也，吾不改；写官椠工误矣，吾疑之，且思而得之矣，但群书无佐证，吾惧来者之滋口也，吾又不改。"① 可见，以文字音韵之学校文，必须要极为慎重。孙星衍自然也十分清楚这一点。

4. 品析致误原因，善用校勘用语

孙星衍在校勘图书时，不只是专门地校订文句，还常常在序跋和正文中品析致误原因。如果他在校勘一书时，遇到不同的本子，就会对各本的优劣进行品评，以辨析其得失，尤其要明确指出一些本子的漏误之处。如孙星衍在校勘《急就章》时，就对汉张芝本、崔瑗本，魏钟繇本，吴皇象本，晋王羲之本、索靖本，后魏崔浩本，唐陈东之本，宋黄庭坚本、李仁甫本、朱文公本，元邓文原本，明宋克本、俞和本，清梁国治本

---

① （清）龚自珍：《龚自珍全集（第2辑）·高邮王文简公墓表铭》，上海人民出版社1975年版，第148页。

等进行了品评和辨析，最后指出这些版本之失在于"不识草书，以荣为崇，昌为冈，他为化，尊为旬，絜为索，稽为皆……俱不词，此正各本所释之讹也"[①]。另外，孙星衍在校勘图书时，还经常使用一些校勘用语。以他校勘的《三辅黄图》为例，根据校勘正文时出现的不同情况，可将他使用的校勘用语划分为三类：第一类是指出今本之文有误时，常使用"今本作某，后人妄加""今本作某，后人妄改""今本多脱""今本脱某""今本作某，非""今本增某"等语注明。第二类是怀疑其文有误但又不能完全确定时，常使用"疑为某之误""疑后人所加""疑当有某""疑增某"等语注明。第三类是无法判断旧本、今本之文与他书引文孰是孰非时，则需要并存诸说，旧本之文入正文，而将今本之文与他书引文以双列小字的形式注之，常使用"某书作某""某书下有某字""某当为某"等语注明。

孙星衍校勘图书，可谓精审谨严，所校之作多被后人视为精校本甚或善本。清末学者张之洞《书目答问》中收录的孙星衍所校的著作《周易口诀义》《孙氏周易集解》《尚书今古文注疏》《夏小正传》《元和郡县图志》《急就章考异》《三辅

---

① 中国科学院图书馆编：《续修四库全书总目提要》第2册，齐鲁书社1996年版，第155页。

黄图》《周书六韬》《燕丹子》《千金宝要》《华氏中藏经》《渚宫旧事》等，均被著录为"善本"。但是，"古书流传既久，考订非一人之力所能尽"[1]，孙星衍也深感如此，于是他在校订《景定建康志》《唐律疏议》《华阳国志》等著作时，便请与他人合校。从前面所列的表4-1可知，孙星衍曾经邀请过顾广圻、钱坫、钱镛、张绍南、孙冯翼、严长明、吴人骥、庄逵吉、毕以田等人与之合校，仅与顾广圻合校的著作就多达10种。此外，孙星衍校勘图书，极力追求善本，凡校一书，绝不一次定稿，而是多次反复校订，尤其是遇到新材料、新证据，就会重新校补。即使是如此勤奋、如此严谨，孙氏校勘的图书仍有一些不足之处。他的同族后辈、校勘大家孙诒让就在《礼迻》中对孙星衍校勘过的《春秋释例》《汉旧仪》《晏子春秋》《商子》《六韬》《孙子十家注》《琴操》等著作进行了重新审订，校补了其中许多的错漏之处。可见，校勘之役，绝非易事！欲得其善，何其难哉！

---

[1] （清）卢文弨：《抱经堂文集》，录自叶树声、许有才《清代文献学简论》，安徽大学出版社2004年版，第39页。

第五章　孙星衍与文献出版

作为一位文献出版家，孙星衍曾刻印了大量传世书籍，为图书的流传做出了重要贡献。

一　刻书目录

孙星衍一生在经济上很少充裕过，但他只要稍有余资，就会刊刻图书，以广其传。而他所刊刻的图书，大都收录于《岱南阁丛书》和《平津馆丛书》中。现做一简表，将这两种丛书所收录的孙星衍刊刻之书列举之，具体见表5-1。

表5-1　　　　　孙星衍刊刻图书一览

岱南阁丛书	平津馆丛书
《古文尚书马郑注》10卷	《周书六韬》6卷

第五章 孙星衍与文献出版

续表

岱南阁丛书	平津馆丛书
《尚书逸文》2卷	《六韬逸文》1卷
《尚书篇目》1卷	《孙子》3卷
《春秋释例》15卷	《吴子》2卷
《仓颉篇》3卷	《司马法》3卷
《燕丹子》3卷	《尸子》2卷
《盐铁论》10卷	《燕丹子》3卷
《盐铁论考证》1卷	《牟子》1卷
《孙子十家注》13卷	《黄帝五书》6卷
《孙子遗说》1卷,《叙录》1卷	《汉礼器制度》1卷
《元和郡县图志》40卷	《汉官》1卷
《括地志》8卷	《汉官解诂》1卷
《故唐律疏议》30卷	《汉旧仪》2卷
《宋提刑洗冤录》5卷	《汉旧仪补遗》2卷
《古文苑》9卷	《汉官仪》2卷
《问字堂集》6卷	《汉官典职仪式》1卷
《岱南阁文集》2卷	《汉仪》1卷
《济上停云集》1卷	《魏三体石经考》1卷
《平津馆文集》3卷	《琴操》2卷,《补遗》1卷
《五松园文稿》1卷	《穆天子传》6卷

续表

岱南阁丛书	平津馆丛书
《嘉谷堂文稿》1 卷	《竹书纪年》2 卷
《王无功集》3 卷	《物理论》1 卷
《周易口诀义》6 卷	《古史考》1 卷
《周易集解》10 卷	《建立伏博士始末》2 卷
《夏小正传》2 卷	《华氏中藏经》3 卷
《急就章考异》1 卷	《素女方》1 卷
备注：后 5 种图书，收录在巾箱本《岱南阁丛书》中。	《制大黄丸方》1 卷
	《千金宝要》6 卷
	《秘授清宁丸方》1 卷
	《寰宇访碑录》12 卷
	《说文解字》15 卷
	《渚宫旧事》5 卷，《补遗》1 卷
	《三辅黄图》1 卷
	《孔子集语》17 卷
	《古文尚书考异》6 卷
	《古刻丛钞》1 卷
	《续古文苑》20 卷
	《抱朴子·内篇》20 卷
	《尚书今古文注疏》30 卷
	《芳茂山人诗录》9 卷
	《长离阁集》1 卷

在刊刻丛书与刊刻单行本的利弊问题上,孙星衍有他自己的看法:

> 丛书之兴,其来久矣。左古鄮肇其规抚,陶南村拓其体制。自斯以降,踵事日繁。观夫通四部之曲畛,贯九流之出入,收如聚族,得比连茹,有便访求,无虞散失,其为用也,不诚善欤。然而,苞罗既富,鉴别斯难,或真赝互陈,雅俗并列,武夫杂乎瑜瑾,庄语溷于俳优;或未逢善本,偶据误书,篇卷不完,文句多舛。凡彼数端,良非一概。夫利病者,事;神明者,人。岂云汇刊必逊于单行也?①

由此可见,孙星衍认为汇刻丛书尽管有利有弊,但总体上还是利大于弊的,因为它可以使所刻之书"收如聚族,得比连茹",进而做到"无虞散失",广为传播,流之久远。

二 刻书途径

孙星衍刻书的途径主要有三:独资刊刻、合资刊刻、托人

---

① (清)孙星衍撰,王重民辑:《孙渊如外集》卷六《平津馆丛书序》,民国二十一年(1932)铅印本。

刊刻。其中，自己独立出资刊刻的图书占了绝大多数。他只要家境稍微宽裕，有点积蓄，便拿出来刊刻图书，年年如此，致使他刻书的数量颇多，这也丰富了他的个人"馆藏"。但是，孙星衍毕竟没有明代毛晋那样的"富足"，也不可能把自己所有的收入都用于刊刻图书，有时不得不与他人合资刊刻或者嘱托他人刊刻。与人合资刊刻者，主要有：嘉庆三年（1798），与毕以田合刊《孙子十家注》《周易集解》《周易口诀义》《夏小正传》《元和郡县图志》等书；嘉庆六年（1801），在两江总督费淳的带领下，聚集乡贤豪绅出资校刻宋本《景定建康志》。据记载，助资校刊该书者甚众，本籍的有秦承业、李光晋、郑宗彝、焦以淳、汪恩、陈喆、吴岐凤、陶涣悦、陶济慎等34人，非本籍的有许兆桂、章攀桂、王煊、杜昌意、沈观成、杨澄、孙冯翼、张绍南等16人；嘉庆七年（1802），与张敦仁合刊宋本《尔雅图》；嘉庆十二年（1807），与洪颐煊合刊《唐王无功集》《琴操》；嘉庆十八年（1813），与方维甸合刊《抱朴子·内篇》；等等。而嘱托他人刊刻者，主要有：乾隆四十五年（1780），嘱托庄炘刊刻《一切经音义》《华严经音义》；嘉庆四年（1799），嘱托孙冯翼刊刻《神农本草经》；嘉庆五年（1800），嘱托邢澍刊刻《寰宇访碑录》，嘱托顾广圻刊刻《孙子》《吴子》《司马法》三书；嘉庆七年（1802），嘱托洪莹刊刻《元和姓纂》；等等。

三 刻书特点

1. 刊刻多致用之秘传古书

孙星衍主张经世致用，古为今用，他所刊刻之书不仅多是致用之古书，而且所用底本多是世间不易见到的秘本、珍本。孙星衍对这些古书进行刊刻，使它们从深宫秘府流向民间，"旧时王谢堂前燕，飞入寻常百姓家"，大大拓展了这些古书的传播范围，使其服务于更多的读书人。孙星衍在刊刻《素女方》时曾言："予既刊黄帝古书（指《黄帝龙首经》《黄帝金匮玉衡经》《黄帝授三子玄女经》《黄帝本行记》《轩辕黄帝传》五书），又刊此，以备亡佚古书之一种，不独后之志艺文者可增其目，亦足资养生之助云。"[①] 可见，孙星衍刊刻黄帝五书与《素女方》，是有助养生之用的。乾隆四十五年（1780），孙星衍读书于江宁瓦官寺，游览内典，忽见释玄应的《一切经音义》和释慧苑的《华严经音义》二书，认为此二书"世多不传，南宋人博雅如朱子、王应麟亦未之见，中引古书尤多，足与陆德明《经典释文》并垂于世。星衍又尝揄扬其实，属（同'嘱'，嘱托、委托之意）

---

① （清）孙星衍：《素女方·序》，中华书局1985年版。

友刊行焉"①。可见，释玄应、释慧苑之书是世人不可多见的古书，并且学术价值较高，孙星衍刊刻二书，可以使其广为流传，为当时的学术研究服务。另外，孙星衍对自己所刻之书，还常常指导应用于实践，如他就曾利用自己所刻的《唐律疏议》，平反了很多冤案、错案，他在《重刻故唐律疏议序》中言道："国家辑《四库全书》，《唐律疏议》入史部法令，秘府所藏，世人罕见。偶得元刻本，字画精致，镌梓传之，附《宋提刑洗冤录》于后，知检验滥觞之有本……及权臬外台，颇平冤滥，年逾五十，智虑衰赜，日从事寻章摘句之学，思刊有用之书，以贻同志，贤于博弈。"②孙星衍所刻此类的图书甚多，这与他经世致用、崇古信古的思想有很大关系。

2. 刊刻以校勘为先

孙星衍治学严谨，所作所为都抱着对世人负责的态度，就刊刻图书而言，凡刊刻，必先校勘。这在他所刻之书的序跋中经常会有言及。如他在《尚书考异序》中曾言："其书（指《尚书考异》）藏在秘阁，传写不易，今阎氏（指阎若璩）《疏证》及惠氏（指惠栋）、宋氏（指宋鉴）之书皆有

---

① （清）孙星衍：《仓颉篇·序》，商务印书馆1936年版。
② （清）孙星衍撰，王重民辑：《孙渊如外集》卷三《重刻故唐律疏议序》，民国二十一年（1932）铅印本。

刊本，惟梅氏（指梅鷟）《考异》在前，反不行于世，予尝憾焉。扬州鲍君均耆古敦素，属为开彫，嘉惠后学，因与顾君广圻及钮君树玉悉心雠校，按各本卷数字句繁简殊异，或梅氏成书时又有更定，兹得旧写本，各取其长，录为定本。"① 又如他在《重刻本燕丹子序》中言道："及官安德，乃采唐宋传注所引此书之文，因故章孝廉（指章宗源）旧稿，与洪明经颐煊校订伪舛，以篇为卷，复唐宋志三卷之旧，重加刊刻。"② 再如他在《校正太白阴经序》中言道："唐李筌《太白阴经》八卷，旧存箧中，首阙《天无阴阳》《地无险阻》二篇，又无诸营陈图，文字亦多脱落。顷，明茅元仪所刻《武备志》中引李筌书校补，又检《通典》《太平御览》互加勘定……此即有用之学，刊以俟后人补订焉。"③ 如此之类的记载颇多，这里不再做一一列举。观其所刊之书，也都有校勘的痕迹，有的甚至还有注解。可见，孙氏刊刻图书，并非见书即刻，而是在遇到所要刻之书后，通过鉴别不同的本子，品评其优劣，从而挑选出比较好的本

---

① （清）孙星衍撰，王重民辑：《孙渊如外集》卷二《尚书考异序》，民国二十一年（1932）铅印本。
② （清）孙星衍撰，王重民辑：《孙渊如外集》卷三《重刻本燕丹子序》，民国二十一年（1932）铅印本。
③ （清）孙星衍撰，王重民辑：《孙渊如外集》卷三《校正太白阴经序》，民国二十一年（1932）铅印本。

子，并以此为底本，通过反复校勘，才将其书刊刻于世。孙星衍的这种做法，正反映了他对世人负责、不欺诬后人的刊刻思想。

3. 刊刻前多书序

孙星衍在刊刻图书之前，常会撰写序文以记之，这也反映了他冀以留名后世的思想。这些序文的内容大多是描述所刻之书的版本流传情况、刊刻的缘由以及意义等。如他在重刊宋本《说文解字》时，就专门题写了序文，以说明刊刻该书的重要意义和刊刻宋本的缘由："唐虞三代五经文字毁于暴秦，而存于《说文》。《说文》不作，几于不知六义；六义不通，唐虞三代古文不可复识，五经不得其本解。《说文》未作已前，西汉诸儒得壁中古文书不能读……汉人之书多散佚，独《说文》有完帙，盖以历代刻印得存，而传写脱误亦所不免。大抵一曰已下，义多假借，后人去之，或节省其文，或失其要义，或引字移易，或妄改其文，俱由增修者不通古义。赖有唐人北宋书传引据，可以是正文字。宋本亦有伪舛，然长于今世所刊毛本（指毛晋刻本）者甚多。"[①] 无独有偶，孙星衍在重刊宋本《景定建康志》时，也详述了刊刻该书的重要意义和刊刻宋本的

---

① （清）孙星衍撰，王重民辑：《孙渊如外集》卷二《重刊宋本说文序》，民国二十一年（1932）铅印本。

第五章 孙星衍与文献出版

缘由："及谒两江督部费芸浦师，示以敕赐宋本《建康志》，前有明礼部官印，不知何时所进，纸版精致……《建康志》体例最佳，各表纪年隶事，备一方掌故，山川古迹，加之考证，俱载出处，所列诸碑或依石刻，书写间有古字。马光祖、周应合俱与权贵不合，气节迈流俗者，其于地方诸大政，兴利革弊，尤有深意存焉。其后有郡人戚光率意更改，使名迹无闻，当世病之。"[1]

此外，孙星衍刊刻的图书在排版方面，也有自身的一些特点：若正文中无注无疏，则以大字排版，一般每页20行，每行20字；若正文中有注无疏，则正文以大字排版，每页20行，每行20字，而注则以双列小字的形式排版，一般每列28—29字不等；若正文中有注有疏，则正文以大字排版，每页20行，每行20字，而注以中字排版，一般每列25字，疏则以双列小字的形式排版，每列28—29字不等。当然，这只是一般情况，孙星衍在具体排版时经常会有一些变动，如他刊刻《孙子》《吴子》《司马法》等兵书时，以大字排版，每页22行，每行20字。另外，孙星衍在刊刻图书时，还十分注意对版心的利用。如他在刊刻《说文解字》时，在该书的版心

---

[1] （清）孙星衍撰，王重民辑：《孙渊如外集》卷三《重刊景定建康志后序》，民国二十一年（1932）铅印本。

— 111 —

上面刻字数,中间刻这页字所在的部类,下面刻刻工者姓名。这些排版方式影响深远,至今仍被借鉴或沿用。还需一提的是,孙星衍刊刻图书,主要是为了推广秘本、珍本和孤本,使更多的人能够目睹到秘藏之书,并具有非营利性的特点。他将所刻之书藏于家祠,供孙氏家族子弟学习之用,也反映了他"藏书以致用"的思想。

当然,孙星衍所刻之书也并非尽善,他的同族后辈孙星华就曾比较了孙刊本与聚珍本《春秋释例》的优劣得失:"嘉庆间,阳湖孙渊如观察星衍曾取阁本刻入《岱南阁丛书》。近日,粤中有刻古经解汇函者,复取孙本翻雕。星华昔岁尝用聚珍本与孙本对勘,因字句间详略异同甚夥,爰逐条录于书眉。大约聚珍本先出,故采掇考订尚有未备,而孙氏重雕之本,或系当时馆中又经覆勘而后定者,是以较为详密。惟卷三《王侯夫人出奔例》,其《释例》内'夫子以为姜氏罪'句下,尚有'不与弑于庄公'云云八百余字,又有夹注按语两条,聚珍本完然具备,孙本不知何以全数脱佚。"[①] 可见,孙氏刊本虽然比较完备,但是也有失漏之处。

---

① (晋)杜预:《春秋释例》,商务印书馆1936年版,第701页。

四 版本学思想与版本著录特点

1. 孙星衍的"善本观"

关于善本问题,早在汉代时就有人注意了,只是当时还没有雕版印刷,而称之为"善书"。据《汉书·景王十三传》记载,河间献王刘德"修学好古,实事求是。从民间得善书,必为好写与之,留其真"[①]。唐代发明雕版印刷术以后,"善本"一词出现在文集杂钞、序跋凡例中的频率越来越高,还出现了对善本的界定。如北宋学者叶梦得就曾言:"唐以前,凡书籍为写本,未有模印之法,人以藏书为贵。书不多有,而藏者精于雠校,故往往皆有善本。"[②] 可见,宋代学者将精校本看作是善本。

待到清代,此时的学者对明代刻书多有微词,常常会批判世上流行的明刻本,而他们比较推崇和追求的大多是古书的佳本、善本。孙星衍也是如此,他经常会搜讨善本,其所见所藏大都收录于《平津馆鉴藏书籍记》和《廉石居藏书记》中。尤其是《廉石居藏书记》所载的内容,常常会出现"此本为

[①] (汉)班固:《汉书》卷五三《景王十三传第二十三》,《文渊阁四库全书》本。
[②] (宋)叶梦得:《石林燕语》卷八,明刻本。

善本""后人宝之""可宝也""可爱也"等文字,这些都表达了孙星衍的"善本观"。经笔者总结,孙星衍所谓的善本主要包括以下四种。

一曰精校本。如孙星衍著录赵怀玉、卢文弨合校的元刻本《韩诗外传》十卷时所记:"吾友赵司马怀玉,偕卢学士文弨,校刊一本(指元刻本),依据书传,颇多改正之处,附《补遗》五版于后,诚为善本。"① 又如孙星衍认为宋刻本《孟东野集》十卷是善本,因为该本是由宋代学者宋敏求集汴吴镂本、周安惠本、别本、蜀人蹇浚咸池集本互校而成的,考订颇为精审。

二曰旧钞本。孙星衍曾言:"古之书籍,未有版本。藏书赐书之家,不过一二名士大夫,如榷酤然,士不至其门则无由借书。"② 可见,古时钞本获读不易,流通不广,而能传至清代者,凤毛麟角,弥足珍贵,当被视为善本无疑。如孙星衍著录旧钞本《皇祐新乐图记》三卷时所记:"所藏亦钞本,甚精好。"③ 又如著录郑真辑钞本《四明文献

---

① (清)孙星衍撰,陈宗彝编:《廉石居藏书记》,中华书局1985年版,第1页。
② (清)孙星衍:《孙渊如先生全集·问字堂集》卷四《答袁简斋前辈书》,商务印书馆1935年版。
③ (清)孙星衍撰,陈宗彝编:《廉石居藏书记》,中华书局1985年版,第2—3页。

集》五卷时所记:"是此书世无刊本,可宝也。"① 另外,孙星衍在《续古文苑·凡例》中曾言:"所载各文俱注原来出处于目录之下,以备复检。其诸书皆据善本,如《华阳国志》《洛阳伽蓝记》《唐大诏令》《开元占经》《太平御览》等,悉系旧钞。"② 可见,《续古文苑》所引诸书皆旧钞本,也皆善本。

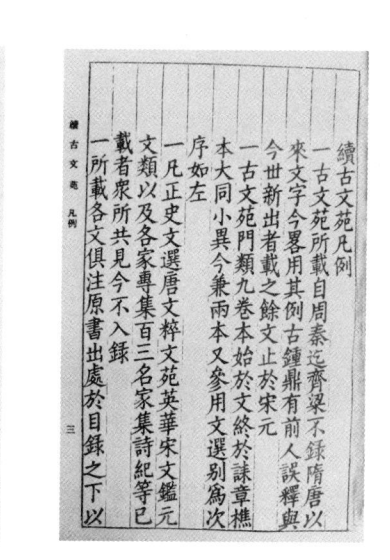

图5-1 《续古文苑》中华书局本书影一

---

① (清)孙星衍撰,陈宗彝编:《廉石居藏书记》,中华书局1985年版,第40—41页。
② (清)孙星衍:《续古文苑·凡例》,商务印书馆1936年版。

图 5-2 《续古文苑》中华书局本书影二

图 5-3 《续古文苑》中华书局本书影三

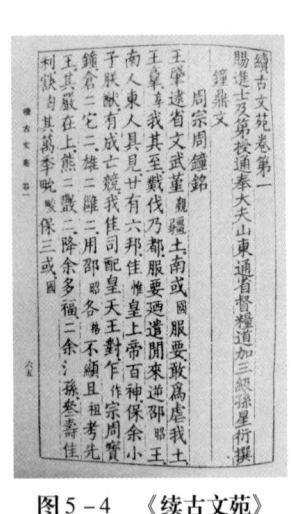

图 5-4 《续古文苑》中华书局本书影四

三曰足本。如孙星衍著录元刻本《晏子春秋》七卷时所记："元本每卷首有总目，又各标于本篇，惟缺末章之大半，因据《太平御览》九百三十五引此书补足之。儒家书，此为第一，又是刘向手定，篇第完备，无伪缺，甚可宝也。"① 又如著录《陈伯玉集》时所记："前有卢藏用序，称合采其遗文可存焉，编而次之，凡十卷。是编卷数与古符……四库馆所收七卷，缺文四首，以《文苑英华》补完，此本俱有之，足宝也。"②

四曰稀有刻本。如孙星衍著录宋刻本《武经总要》四十卷时所记："兵家阵图、器具、占候，及六壬、遁甲之法，惟存此书，在《太白阴经》之后，《虎钤经》之前，最为专家有用之学。刻本甚少，可宝也。"③ 又如著录明刻本《天下名胜志》五十册时所记："明时古刻书多不存，书中多引地理古书……体例仿《元和志》（指《元和郡县图志》）、《寰宇记》（指《太平寰宇记》），止载城邑山川宅墓名迹，不记名宦人物，最得古人地志之法，绝胜《明一统志》。明人著述善本，此为第一矣。板久不存，后人宝之。"④

---

① （清）孙星衍撰，陈宗彝编：《廉石居藏书记》，中华书局1985年版，第5页。
② 同上书，第33页。
③ 同上书，第12页。
④ 同上书，第16页。

图 5-5　《廉石居藏书记》中华书局本书影一

图 5-6　《廉石居藏书记》中华书局本书影二

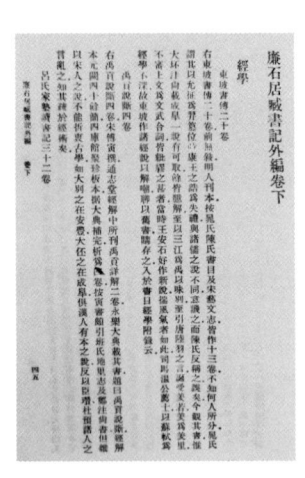

图 5-7　《廉石居藏书记》中华书局本书影三

图 5-8　《廉石居藏书记》中华书局本书影四

孙星衍之"善本观"影响深远，后来的版本学家在制定或表述善本标准时都未能出其右，基本上都是在其善本思想的基础上加以发展而已。如清末学者张之洞所提出的善本标准："善本之义有三：一足本（无阙卷、未删削）；二精本（一精校、二精注）；三旧本（一旧刻、二旧抄）。"[①] 又如丁丙所列举的四个善本标准："一曰旧刻，二曰精本，三曰旧钞，四曰旧校。"[②] 通过比较分析，不难看出，他们所谓的善本标准都是建立在孙星衍"善本观"的基础之上的。

2. 版本著录特点

孙星衍官山东时，曾将平津馆藏书编成目录，即《平津馆鉴藏书籍记》。该书是一部善本目录，所著录的338种图书堪称孙星衍藏书之精品。它在版本著录编排方面，先按版本形成的时代编排，由古及近，依次是宋版、元版、明版，再按版本的种类编排，依次是旧影写本、影写本、旧写本、写本、外藩本。而在版本著录方面，既继承了《遂初堂书目》《天禄琳琅书目》等以往书目的著录方式，又有一定的创新，表现出一些新的特征。

---

① （清）张之洞：《輶轩语》，录自于刘青松《中国古典文献学概要》，湖南大学出版社2002年版，第146页。

② （清）丁丙：《善本书室藏书志》，录自于刘青松《中国古典文献学概要》，湖南大学出版社2002年版，第146页。

第一，在著录时，已经注意到了不同版本的相异之处。如著录宋版《附释音礼记注疏》六十三卷时，孙星衍就比较了宋本与和珅翻刻本在图书内容上的不同："此本（指宋本）与故相国和珅翻刻宋本行款相同，惟彼本孔颖达序后有建安刘叔刚宅锓梓木长印，此本原序已缺，无从考证。"① 又如著录宋版《纂图互注南华真经》十卷时，孙星衍比较了宋本与巾箱本、音义本的区别："巾箱本，'互注'等字俱用黑盖子，此本俱以重阑线别之。巾箱本、音义本字用方线，此本多用黑盖子。"② 再如著录宋版《纂图互注荀子》二十卷时，孙星衍比较了宋本与巾箱本版框高低上的不同："［宋本］标题、行数、字数、序文、图说，俱与巾箱本无异，唯每版稍高一分，字画亦有减省之异。"③

第二，著录了辨伪方面的内容。如著录宋版《附释音毛诗注疏》二十卷时，孙星衍就说明了该本"前有孔颖达《毛诗正义序》《诗谱序》，系后人钞补"④。又如著录宋版《刘子》十卷时，孙星衍根据该本内容前后字画的不同，判定该本书中的目录，在原本中是没有的，而是后人补刻添加的。

---

① （清）孙星衍：《平津馆鉴藏书籍记》，商务印书馆1936年版，第2页。
② 同上书，第4页。
③ 同上。
④ 同上书，第1页。

第五章 孙星衍与文献出版

第三，各本均著录版口、行款、收藏者印章等内容，较早地发现并记载了"耳题"，还提出了"黑口"的概念。如孙星衍在著录巾箱本《刘子》十卷时所记："巾箱本，每页廿二行，行十八字，左栏线外、上俱标题名……收藏有赵氏子昂朱方印、扬州季氏蓝文长印、沧苇蓝文长印、振宜之印蓝文方印、季振宜藏书蓝文小长方印、御史振宜之印白文方印、良蕙堂沈沦九川印朱方长印、鉴定法书之印朱文长方印、九川朱文方印、志雅斋朱文方印、沈文私印白文长方印、字伯朱文方印、旅翳白义长印、旅翳草堂朱文方印。"① 又如著录宋版《新编方舆胜览》七十卷时所记："黑口板，每页小字廿八行，行廿八字，收藏有高卧楼白文方印、臣璐私印朱文方印、半查朱文方印、丛书楼白文长方印、李氏寒窗阁藏书记朱文方印。"②

第四，著录时，若有需要解释说明的，则以双列小字的形式加以注解。如在著录元版《资治通鉴》二百九十四卷时，对于题识"朝散大夫右谏议大夫权御史中丞充理检使上护军紫金鱼袋臣司马光奉敕编集"，孙星衍注解曰："此据第一卷所题衔

---

① （清）孙星衍：《平津馆鉴藏书籍记》，商务印书馆 1936 年版，第 4—5 页。
② 同上书，第 5 页。

名，余卷首衔名随官改换。"① 又如著录明版《管子》二十四卷时，此本序末的题款被书贾剜去，已经无法获知该序为何人何时所作，而张宝德所藏本的序末有题款，故孙星衍注解曰："张宝德藏序末题'万历壬午春三月，前史官吴郡赵用贤撰'。"②

此外，孙星衍在著录各书时，均明确记载卷数、责任者、序跋撰写者、刊刻时间等信息，还时常会记载其版心的内容，有的记刻书者斋号，有的记刻字者姓名等。

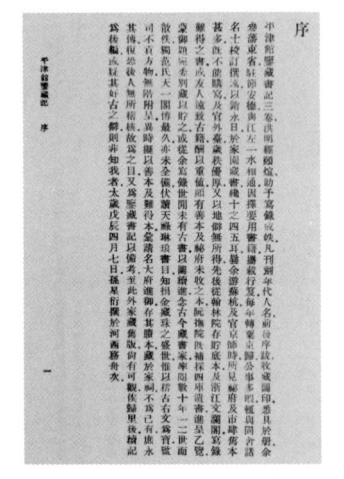

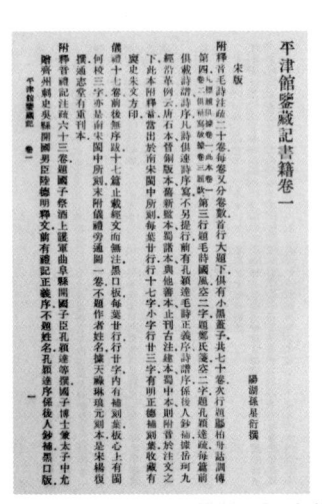

图 5-9 《平津馆鉴藏记》中华书局本书影一

图 5-10 《平津馆鉴藏记》中华书局本书影二

---

① （清）孙星衍：《平津馆鉴藏书籍记》，商务印书馆 1936 年版，第 13 页。
② 同上书，第 27 页。

第五章　孙星衍与文献出版

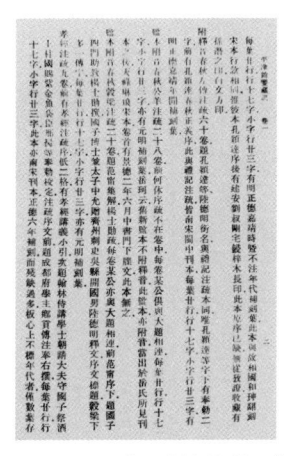

图 5-11　《平津馆鉴藏记》中华书局本书影三

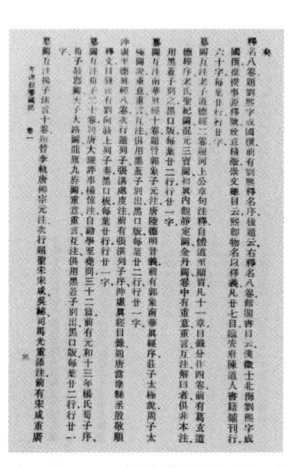

图 5-12　《平津馆鉴藏记》中华书局本书影四

图 5-13　《平津馆鉴藏记》中华书局本书影五

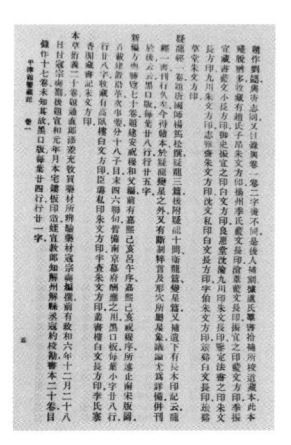

图 5-14　《平津馆鉴藏记》中华书局本书影六

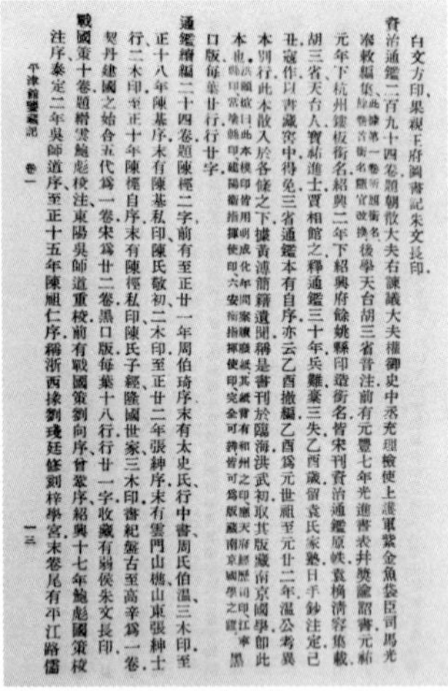
白文方印、果親王府圖書記朱文長印。
資治通鑑二百九十四卷，題朝散大夫右諫議大夫權御史中丞充理檢使上護軍紫金魚袋臣司馬光奉敕編集，此據第一卷所題銜名，餘卷皆書銜名，蓋官改換。後學天台胡三省音注。前有元豐七年光進書表、并獎諭詔書、元祐元年下杭州鏤板銜名、紹興二年下紹興府餘姚縣印造銜名，皆宋刊資治通鑑原帙。袁桷清容集載胡三省天台人，寶祐進士，賈相館之，釋通鑑三十年，兵難，稾三失，乙酉歲留袁氏家塾，日手鈔注定，己丑寇作，以書藏窖中得免。三省通鑑本有自序，亦云乙酉撤編，乙酉爲元世祖至元廿二年。溫公考異本別行，此本散入於各條之下。據黃溥簡籍遺聞，稱是書刊於臨海，洪武初取其版藏南京國學，即此本也。洪頤煊曰：此本模印，皆用明成化年間案牘廢紙，其紙背有和州之印、應天府經歷司印、江寧縣印、常熟縣印、建陽衛指揮使印、六安衛指揮使印，完全可辨，皆可爲版藏南京國學之證。黑口版，每葉廿行，行廿字。
通鑑續編二十四卷，題陳桱二字。前有至正廿一年周伯琦序，末有太史氏、行中書、周氏伯溫三木印。至正十八年陳基序，末有陳基私印、陳氏敬初二木印。至正廿二年張紳序，末有雲門山樵、山東張紳士行二木印。至正十年陳桱自序，末有陳桱私印、陳氏子經、隆國世家三木印。書紀盤古至高辛爲一卷，契丹建國之始合五代爲一卷，宋爲廿二卷。黑口版，每葉十八行，行廿一字。收藏有弱侯朱文長印。
戰國策十卷，題縉雲鮑彪校注、東陽吳師道重校。前有戰國策劉向序、曾鞏序、紹興十七年鮑彪國策校注序、泰定二年吳師道序、至正十五年陳祖仁序，稱浙西掾劉瓊廷修刻梓學宮。末卷尾有平江路儒
平津館鑑藏記　卷一　一三

图 5 – 15　《平津馆鉴藏记》中华书局本书影七

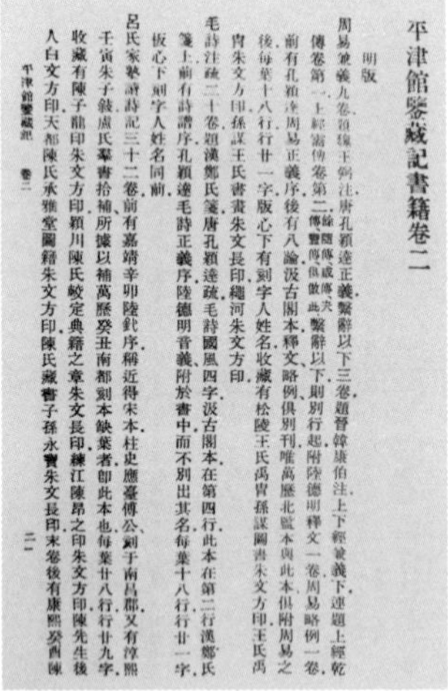
平津館鑑藏記書籍卷二
明版
周易兼義九卷，題魏王弼注、唐孔穎達正義。繫辭以下三卷，題晉韓康伯注。上下經兼義下，連題上經乾傳卷第一、上經需傳卷第二，餘闕傳、咸傳、夬傳、豐傳俱倣此。繫辭以下，則別行起。附陸德明釋文一卷、周易略例一卷。前有孔穎達周易正義序，後有八論。汲古閣本釋文、略例俱別刊，唯萬歷北監本與此本俱附周易之後。每葉十八行，行廿一字。版心下有刻字人姓名。收藏有松陵王氏禹胄朱文方印、孫謀王氏書畫朱文長印、繩河朱文方印。
毛詩注疏二十卷，題漢鄭氏箋、唐孔穎達疏。毛詩國風四字，汲古閣本在第四行，此本在第二行。漢鄭氏箋上，前有詩譜序、孔穎達毛詩正義序、陸德明音義，附於書中而不別出其名。每葉十八行，行廿一字。版心下刻字人姓名同前。
呂氏家塾讀詩記三十二卷，前有嘉靖辛卯陸釴序，稱近得宋本，柱史應臺傅公刻于南昌郡。又有淳熙壬寅朱子敍、虞氏摹書拾補所據以補萬歷癸丑南都刻本缺葉者，即此本也。每葉廿八行，行廿九字。收藏有陳子龍印朱文方印、潁川陳氏較定典籍之章朱文長印、練江陳昂之印朱文方印、陳先生後人白文方印、天都陳氏永雅堂圖籍朱文方印、陳氏藏書子孫永寶朱文長印。末卷後有康熙癸酉陳
平津館鑑藏記　卷二　二一

图 5 – 16　《平津馆鉴藏记》中华书局本书影八

第六章 结语

孙星衍是清代乾嘉时期的一位知名学者，所生活的时代正是汉宋之学相争向汉宋之学融合这一特殊的过渡时期。孙星衍博学多识，不仅博涉经史文字音韵之学，还兼通诸子百家和释道之学，这使他在学术上，尤其是在文献学方面取得了极大成就：首先，他嗜好藏书，尤爱善本，将所藏之书按学术编排为十二大类，创立了孙氏的十二分法，这一分法在中国图书分类史上占有着重要地位。另外，他将藏书置放于祠堂，供孙氏家族子孙共同使用，这反映了他"藏书以致用"的思想。其次，他勤勤恳恳，笔耕不辍，编撰了大量图书，尤其是《尚书今古文注疏》三十卷的编撰完成，代表着乾嘉时期"尚书学"研究的最高成就。再次，他精于小学，擅长考证，校勘图书众多，涉及经、史、子、集各部，并且颇得其法，所校之书至今仍多被视为善本。加上他喜好交游，对所到之处的遗迹故实多有考证，善于采用"以文献寻古迹，以实物验文献"的方法，来获取事实的真相。最后，他善汇刻丛书，所刻之书多收录于《岱南阁丛书》和《平津馆丛书》中，并且刊刻图书的底本多为善本，这使得他刊刻图书的质量非常高，成为后人经常参用的底本，也是流传至今的善本。此外，他还有自己的"善本观"和版本著录风格，这些也多被后人借鉴、学习和沿用。

孙星衍在文献学方面之所以能取得如此斐然的成就，其原因主要在于：

第一，家庭环境的影响。孙星衍出生于书香之家，他的父亲虽然只是个举人，但是为人正直，工作勤勉，这对幼年孙星衍的思想起到了潜移默化的作用，使他在今后的学习生活中也养成了这样一种良好的习惯。加上他的父亲从事的是教育工作，让孙星衍在他管理的句容学舍学习，这样他的父亲就可以直接教育和辅导他。他的母亲对他的学习也非常关心，同时也比较严厉，常常督促他读书习字。孙星衍曾描述过他幼年时读书生活的情形："鸟夜鸣，香柚树，儿抱书来塾师处。阿母视儿衣，老妪问儿饥。儿就大母牵裾嬉，大母劝儿书再续。一钱买豆十回读，书声纺声灯一粟，邻鸡欲鸣更漏促。父归识父儿九龄，背诵《文选》留宾听。"[①] 另外，他的妻子王采薇生于

---

① （清）孙星衍：《孙渊如先生全集·冶城挈养集》卷下《题罗山人为予写昔梦图十帧》，商务印书馆1935年版。

第六章 结语

官宦之家，从小受到她父亲的疼爱，研习书法，善工小楷，时常帮助孙星衍抄书、写书。加上王采薇饱读诗书，两人一有闲暇，便吟诗对赋，探讨学术。

第二，个人的努力。孙星衍自幼勤奋刻苦，加上天资聪颖，十四岁时就能全诵《昭明文选》。在以后的成长历程中，孙星衍时刻不忘读书作文，即便是为官忙碌时期，亦是如此。如他奉旨到山东做兖曹济沂道时，在赴任的途中就下定决心，要在孔孟之乡饱览群书，做真正的儒雅之士，曾赋诗道："骢马红旌静不喧，玉京回首忆高寒。三齐名士争头刺，一路青山送到官。使者车单如客过，圣人家近借书看。时清不用矜风节，惭愧儒冠换豸冠。"[1] 此外，孙星衍善于思考，又体恤军民，所撰诗文多是反映百姓生活的真实写照，读后令人深思。如他官山东时，看到灾民把榆树吃个精光，后来只得吃石食土，而当地官员竟然还禁止传出灾区悲惨生活的真实情况，此时他以诗记道："仙人活民苦无力，只煮华阳洞边石。山枯石熟屑作糜，万人食石山不辞。今年石枯屑不得，仙力岂亦因民疲。老榆无皮惨行路，已被强梁析薪去。得钱甚者卖作香，迩见村中复无树。泉乾喜看河底裂，食土一月兼呕吐。已知旦夕

---

[1] （清）孙星衍：《孙渊如先生全集·济上停云集·自历下之官兖州道中即事》，商务印书馆 1935 年版。这里所说的三名士是指孔广森、郝懿行、桂馥。

委沟渠,反使泥沙藏肠土。中人活田竭万钱,典衣赁斋绝可怜。一升一斗得何补,闭户食尽身无绵……春泥屑石勿浪传,长吏言遭上官骂。"①。这种忧民思想使他著述时有了一种使命感,有了著述"应为现实服务""应为现实利用"的责任,也促使他更加勤奋地读书作文,希望以此来使当时的官府能有所作为,使当时百姓的凄惨生活能有所改观。

第三,丰富的藏书。孙星衍善藏图书,痴爱善本,"闻人家有善本,借抄无虚日"②。孙星衍购书、抄书、刻书,亦是不遗余力。只要家里稍有余资,便用其来购书、抄书、刻书,这也使得他的藏书十分丰富。孙星衍自己曾作诗记道:"驹隙犹余感,乌私讵忍忘。得等天子陛,重到圣人乡。负米辞岐路,浮家泛一航。莫嫌行色俭,文史富连墙。"③ 这些丰富的藏书,不仅为他博览群书提供了极大的便利,还为他做学术研究提供了丰富的材料。

第四,广泛的交游。孙星衍年轻时家境困窘,为求生计,不得不游幕四方,仅追随毕沅就收获良多:"予以乾隆困敦之

---

① (清)孙星衍:《孙渊如先生全集·澄清堂续稿·乡人有言饥民者》,商务印书馆1935年版。

② (清)阮元:《揅经室二集》卷三《山东粮道渊如孙君传》,商务印书馆1937年版。

③ (清)孙星衍:《孙渊如先生全集·租船咏史集·山左道中》,商务印书馆1935年版。

第六章 结语

岁,聿始西征,游寓五载。中丞(指毕沅)馆予上舍,此邦当路,欢若平生。延访名山,流连遗址。西观芒竹,东历阳华,北绕甘泉,南瞻子午。千门万户,指掌能图,四寒八门,画沙可述。又撰诸方志,旁求故实,颇悉源流。"[1] 加上他性本好游,登五岳,涉八州,历览了众多名山大川、乡村古道、林木洞穴等,不仅增长了见闻学识,还丰富了想象力,同时也为他的著述提供了良好的素材和实证。此外,他在游历过程中,还结交了许多学界名流,如汪中、洪亮吉、赵怀玉、严长明、钱大昕、卢文弨、顾广圻、严可均等人,与他们切磋学术、探讨问题,使他能够集思广益,兼及各家之证词,不断地促使他的著述趋于完备。

当然,清代乾嘉时期良好的学术氛围,也是孙星衍取得成就的重要原因之一。在这一时期,政治相对清明,经济比较繁荣,文化氛围浓厚,考据之风昌盛,这使许多的文人学士转研考据之学。孙星衍亦是如此,他年少时文词颇有奇气,深得当时诗坛大家袁枚的赏识和夸赞,但最后却不欲以诗文名,转研经史文字音韵之学,从而使他在文献学这块领域取得累累硕果。用清代学者阮元的话,来总结其一生曰:"君为儒者,亦

---

[1] (清)孙星衍:《孙渊如先生全集·问字堂集》卷二《三辅黄图新校正序》,商务印书馆1935年版。

为文人。以廉为孝,以直为仁。执法在平,布治以循。测学之海,得经之神。人亡书在,千载常新。"[1]

总之,孙星衍在文献学方面取得了很大的成就,在清代乃至整个学术发展史上都有其重要地位,值得今人学习、总结和研究。

---

[1] (清)阮元:《揅经室二集》卷三《山东粮道渊如孙君传》,商务印书馆1937年版。

参考文献

（北齐）颜之推：《颜氏家训》，岳麓书社1999年版。
（汉）马融、郑玄等注：《古文尚书》，中华书局1991年版。
（宋）叶梦得：《石林燕语》，中华书局1984年版。
（清）龚自珍：《龚自珍全集》，上海人民出版社1975年版。
（清）江藩：《国朝汉学师承记》，中华书局1983年版。
（清）钱仪吉：《碑传集》，中华书局1993年版。
（清）阮元：《揅经室集》，商务印书馆1937年版。
（清）孙星衍：《京畿金石考》，中华书局1985年版。
（清）孙星衍：《孔子集语》，中华书局1991年版。
（清）孙星衍：《平津馆鉴藏书籍记》，商务印书馆1936年版。
（清）孙星衍：《尚书今古文注疏》，商务印书馆1936年版。
（清）孙星衍：《孙氏祠堂书目》，商务印书馆1935年版。
（清）孙星衍：《孙渊如诗文集》，商务印书馆1922年版。
（清）孙星衍：《孙渊如先生全集》，商务印书馆1935年版。

（清）孙星衍：《问字堂集》，清乾隆五十九年（1794）刻本。

（清）孙星衍：《续古文苑》，商务印书馆 1936 年版。

（清）孙星衍、陈宗彝：《廉石居藏书记》，中华书局 1985 年版。

（清）孙星衍、孙冯翼：《神农本草经》，中华书局 1985 年版。

（清）孙星衍、邢澍：《寰宇访碑录》，商务印书馆 1935 年版。

（清）孙星衍等：《汉官六种》，中华书局 1990 年版。

（清）孙星衍撰，王重民辑：《孙渊如外集》，国立北平图书馆铅印本，1932 年。

（清）孙诒让：《礼迻》，中华书局 1989 年版。

（清）王鸣盛：《十七史商榷》，上海书店出版社 2005 年版。

（清）叶德辉：《藏书十约》，长沙叶氏观古堂刻本。

（清）永瑢等：《四库全书总目》，中华书局 1965 年版。

（清）张之洞：《书目答问》，商务印书馆 1947 年版。

（清）赵尔巽：《清史稿》，中华书局 1977 年版。

北京图书馆：《北京图书馆藏珍本年谱丛刊》，北京图书馆出版社 1998 年版。

蔡冠洛：《清代七百名人传》，中国书店 1984 年版。

曹之：《中国古籍版本学》，武汉大学出版社 1992 年版。

曹之：《中国古籍编撰史》，武汉大学出版社 2006 年版。

陈宁：《〈孙氏祠堂书目〉分类方法解析》，《图书情报工作》

2007 年第 5 期。

陈宁:《洪亮吉与图书编撰学》,《科技情报开发与经济》2010 年第 1 期。

陈宁、曹之:《宋元时期陶瓷文献分类方法探讨》,《图书馆论坛》2019 年第 4 期。

陈少川:《孙星衍图书分类理论浅探》,《津图学刊》1992 年第 3 期。

陈垣:《校勘学释例》,中华书局 2004 年版。

陈祖武、朱彤窗:《乾嘉学术编年》,河北人民出版社 2005 年版。

成秀凤:《圣人家近借书看——山东儒吏孙星衍的书案生活》,《山东图书馆季刊》2002 年第 2 期。

耿文光:《万卷精华楼藏书记》,北京图书馆出版社 1997 年版。

洪湛侯:《中国文献学新编》,杭州大学出版社 1994 年版。

黄苇:《中国地方志辞典》,黄山书社 1986 年版。

焦桂美:《论孙星衍诗的学术价值》,《鲁行经院学报》2000 年第 1 期。

焦桂美:《论孙星衍文献学成就》,《图书情报知识》2006 年第 2 期。

焦桂美:《平津馆藏书及其目录》,《中国典籍与文化》2000

年第 2 期。

焦振廉：《孙星衍及其辑本〈神农本草经〉——清辑〈神农本草经〉以孙星衍本为优》，《陕西中医》1999 年第 1 期。

柯愈春：《清代诗文集总目提要》，北京古籍出版社 2001 年版。

来新夏：《古典目录学》，中华书局 1991 年版。

乐华云：《经学大师星衍在南京》，《南京市志》1998 年第 5 期。

李峰：《破旧立新的〈孙氏祠堂书目〉》，《图书馆杂志》2003 年第 2 期。

李海生：《中国学术思潮史》，上海社会科学院出版社 2006 年版。

李瑞良：《中国目录学史》，台北：文津出版社 1993 年版。

李玉安、黄正雨：《中国藏书家通典》，香港：中国国际文化出版社 2005 年版。

梁启超：《中国近三百年学术史》，东方出版社 1996 年版。

林正秋：《中国地方志名家传》，黄山书社 1990 年版。

刘墨：《乾嘉学术十论》，生活·读书·新知三联书店 2006 年版。

刘蔷：《论孙星衍的考据学思想及实践》，《清华大学学报》（哲学社会科学版）2005 年第 6 期。.

参考文献

刘青松：《中国古典文献学概要》，湖南大学出版社 2002 年版。

彭林：《清代学术讲论》，广西师范大学出版社 2005 年版。

任继愈：《中国藏书楼》，辽宁人民出版社 2001 年版。

申畅：《中国目录学家传略》，中州古籍出版社 1987 年版。

王晓岩：《历代名人论方志》，辽宁大学出版社 1986 年版。

王欣夫：《王欣夫说文献学》，上海古籍出版社 2000 年版。

王钟翰：《清史列传》，中华书局 1987 年版。

王重民：《中国善本书提要》，上海古籍出版社 1983 年版。

吴枫：《中国古典文献学》，齐鲁书社 1982 年版。

吴荣光：《历代名人年谱》，北京图书馆出版社 2002 年版。

熊笃、许廷桂：《中国古典文献学》，重庆出版社 2000 年版。

姚名达：《中国目录学史》，商务印书馆 1936 年版。

叶树声、许有才：《清代文献学简论》，安徽大学出版社 2004 年版。

张晶萍：《孙星衍学术思想特点述论》，《湖南师范大学社会科学学报》2002 年第 6 期。

张舜徽：《清儒学记》，华中师范大学出版社 2005 年版。

张舜徽：《中国文献学》，华中师范大学出版社 2004 年版。

赵国璋、潘树广：《文献学大辞典》，广陵书社 2005 年版。

郑鹤声、郑鹤春：《中国文献学概要》，上海书店 1983 年版。

郑天一：《论文化环境、心理偏向与图书分类法——孙星衍十二分法产生的文化基因》，《图书馆杂志》2001 年第 4 期。

郑天一：《孙星衍十二分法略论》，《江苏图书馆学报》1995 年第 1 期。

郑天一：《中国传统思维方式与图书分类法的选择》，《江苏图书馆学报》2002 年第 3 期。

郑伟章：《文献家通考》，中华书局 1999 年版。

支伟成：《清代朴学大师列传》，岳麓书社 1986 年版。

中国地志研究会：《宋元地方志丛书》，台北：大化书局 1987 年版。

中国科学院图书馆：《续修四库全书总目提要》，齐鲁书社 1996 年版。

后　　记

一本书定稿之后，作者总是习惯地记点什么，以说明该书的成书经过、重要价值、现实意义等，还会表达作者对该书编撰出版过程中曾经给予支持和帮助的人或单位的感激之情。古今著作多是如此，我也不能免俗，在这里也简要记点与本书相关的事情。

这本《孙星衍文献学研究》，是在我多年前撰写的一篇文稿的基础上修改和增补而成的。2005年9月，我很荣幸地被武汉大学信息管理学院图书馆学专业录取，开启了为期两年的硕士研究生学习和生活，并开始跟随当代文献学研究大家曹之先生，从事文献学方面的研究。曾记得，我第一次与曹之先生见面，就被他对图书的那种"喜之、爱之、嗜之、惜之"的态度深深打动，也被他对学术的那种坚持不懈和执著追求的精神深深感染。我认识曹之先生后，记得他说的最多的一句话就是"老骥伏枥，志在千里"，始终激励着自己要坚持从事学术研究，并用实际行动来践行着这句话。

读研期间，曹之先生对我关怀备至，不仅给我推荐宜读之书，还将自己所藏的数千种图书毫无隐蔽地供我参阅。提及于此，想起当时自己读书时常有"偷懒"行为，真是汗颜，有点愧对恩师。跟随曹之先生时，他除了传道、授业、解惑于我外，还经常教我做人做学问的道理，其语"做文必先做人"业已成为我做学问的座右铭。曾记得，我于2006年年初撰写了我硕士阶段的第一篇学术论文，该文初稿只有五千字左右，后来拿给曹之先生审阅，请他帮我把把关，并请他帮忙修改和完善，他竟然在文稿上用红笔增补了两千多字。当时真的是令我非常感动，感动他对学生的认真负责，更感动他对待学问的真诚态度，所谓"言传身教"，也不过就是如此。这份修改文稿至今保存在我身边，我想以此来激励我如何成为一名合格的高校教师，如何认真负责地对待学生，如何严谨求实地对待学问，这必将使我获益终生。

谈及这本书稿的撰写，始于一次偶然。我曾在2006年5月撰写了一篇有关洪亮吉文献学研究的学术论文，在收集

后　记

资料的过程中查阅了许多清代学者的笔记文集、尺牍杂钞等，其间竟有一个意外收获，即发现与洪亮吉生活于同一时期的孙星衍也是一位重要的文献学家，当时就有撰写一篇有关孙星衍文献学研究方面的学术论文。可惜的是，当时由于课程作业繁多，忙于其他事务，没有能够及时完成这一工作。后来，我在相关期刊上陆续看到两三篇有关孙星衍文献学研究方面的学术论文，但总觉得其研究不够系统，也不太深入，这一方面印证我当初的判断，坚定了我对此研究的信心，另一方面也坚定了我对此研究的决心。当我把我的想法告知曹之先生后，他非常支持我的这一决定，并把该研究作为了我当时主攻的选题方向。经过近两年的努力探索和研究，终成文稿。

该文稿由于字数不多，当时并没有将其修改完善成书的想法。2007年7月，我从武汉大学硕士毕业后，就到了景德镇陶瓷大学（当时称"景德镇陶瓷学院"），参与国家重大文化出版工程《中华大典·艺术典·陶瓷艺术分典》的组织编纂工作，并开始从事"陶瓷文献学"这一专题文献学的学术研究工作，至今已有十余年的时间。这些年来，我一直从事着陶瓷文献学方面的学术研究，并没有转向文献学基础理论研究的打算。直到 2018 年 6 月，在与同事的一次偶然交谈中，为了"响应"和支持我校相关专业硕士点的建设，我便有了将该文稿修改完善成书的打算。通过一年多的努力，现今终成书稿，预要刊印出版，心情十分激动。

在这里，我要郑重感谢一下曾经给予我帮忙和支持的人或单位。首先，感谢我的硕士生导师曹之先生，他从本书的选题构思、收集资料、撰写初稿到最后定稿，都给予了我很大的帮助和支持。同时，柯平教授、司马朝军教授、孙更新教授、张燕飞教授、司莉教授、李明杰教授等对本书的编撰提出了许多宝贵的意见和建议，令我受益颇多。感谢李砚祖教授、邹晓松教授、王琦珍教授、张茂林研究员、侯铁军副教授，还有我的七年同窗好友徐速、刘晓霞等在本书编撰过程中给予的关心和帮助。感谢中国国家图书馆、清华大学图书馆、北京大学图书馆、武汉大学图书馆、景德镇陶瓷大学图书馆等在资料查阅方面提供的便利和支持。感谢景德镇陶瓷大学在读硕士研究生钟粲宇、于靖两位同学在文字校对方面的辛苦付出。感谢江西陶瓷文物遗存保护暨御窑研究协同创新中心提供的经费支持。感谢中国社会科学出版社的出版。

后 记

资料的过程中查阅了许多清代学者的笔记文集、尺牍杂钞等，其间竟有一个意外收获，即发现与洪亮吉生活于同一时期的孙星衍也是一位重要的文献学家，当时就有撰写一篇有关孙星衍文献学研究方面的学术论文。可惜的是，当时由于课程作业繁多，忙于其他事务，没有能够及时完成这一工作。后来，我在相关期刊上陆续看到两三篇有关孙星衍文献学研究方面的学术论文，但总觉得其研究不够系统，也不太深入，这一方面印证我当初的判断，坚定了我对此研究的信心，另一方面也坚定了我对此研究的决心。当我把我的想法告知曹之先生后，他非常支持我的这一决定，并把该研究作为了我当时主攻的选题方向。经过近两年的努力探索和研究，终成文稿。

该文稿由于字数不多，当时并没有将其修改完善成书的想法。2007年7月，我从武汉大学硕士毕业后，就到了景德镇陶瓷大学（当时称"景德镇陶瓷学院"），参与国家重大文化出版工程《中华大典·艺术典·陶瓷艺术分典》的组织编纂工作，并开始从事"陶瓷文献学"这一专题文献学的学术研究工作，至今已有十余年的时间。这些年来，我一直从事着陶瓷文献学方面的学术研究，并没有转向文献学基础理论研究的打算。直到 2018 年 6 月，在与同事的一次偶然交谈中，为了"响应"和支持我校相关专业硕士点的建设，我便有了将该文稿修改完善成书的打算。通过一年多的努力，现今终成书稿，预要刊印出版，心情十分激动。

在这里，我要郑重感谢一下曾经给予我帮忙和支持的人或单位。首先，感谢我的硕士生导师曹之先生，他从本书的选题构思、收集资料、撰写初稿到最后定稿，都给予了我很大的帮助和支持。同时，柯平教授、司马朝军教授、孙更新教授、张燕飞教授、司莉教授、李明杰教授等对本书的编撰提出了许多宝贵的意见和建议，令我受益颇多。感谢李砚祖教授、邹晓松教授、王琦珍教授、张茂林研究员、侯铁军副教授，还有我的七年同窗好友徐速、刘晓霞等在本书编撰过程中给予的关心和帮助。感谢中国国家图书馆、清华大学图书馆、北京大学图书馆、武汉大学图书馆、景德镇陶瓷大学图书馆等在资料查阅方面提供的便利和支持。感谢景德镇陶瓷大学在读硕士研究生钟粲宇、于靖两位同学在文字校对方面的辛苦付出。感谢江西陶瓷文物遗存保护暨御窑研究协同创新中心提供的经费支持。感谢中国社会科学出版社的出版。

后　记

　　最后，感谢我的亲友家人。感谢我的父母兄弟，是他们给予我求学的机会。感谢我的妻子张俊娜女士，她为了让我专心写作，几乎承担了照顾小孩和打理家务的所有工作。为此，她不仅毫无怨言，还经常在我劳累、烦恼、困惑的时候安慰我、支持我、鼓励我，令我十分感动。正是他们，让我理解"家"的真正含义：家是我们身处低谷时最有力的支点，是我们永远可以停驻的温暖港湾。

　　限于笔者愚浅，不知何以报答施惠者。唯以此拙著出版，当作对亲朋好友的一点回赠吧。

　　是为记。

陈　宁

2019 年 11 月 12 日